図解 授業・学級経営に成功する 2年生の基礎学力

無理なくできる12か月プラン

監修：学力の基礎をきたえどの子も伸ばす研究会
著　：深沢英雄

フォーラム・A

本書の構成と特長

構成◎１年間の見通しをもって

1．子どもの発達をふまえて、１年間を月ごとに分けています。
2．各月を読み・書き・計算・学級づくりの四つのテーマで分けています。
3．四つのテーマにとりくむ時期を月ごとに提案することで、
　• 基礎学力づくりに**１年間の見通し**をもってとりくむことができます。
　• **各月**の重点課題がわかり、**優先順位**を決めることができます。
4．右ページでは、イラストや使用する教材・プリント・資料などで**図解**しています。
　• 実践の順番やポイントが一目でわかります。
　• 教材・教具の作り方がわかります。
5．四つのテーマのほかにも、執筆者の「おすすめの実践」を載せています。
6．巻末には、コピーしてすぐ使えるプリントや読書カードなどを掲載しています。

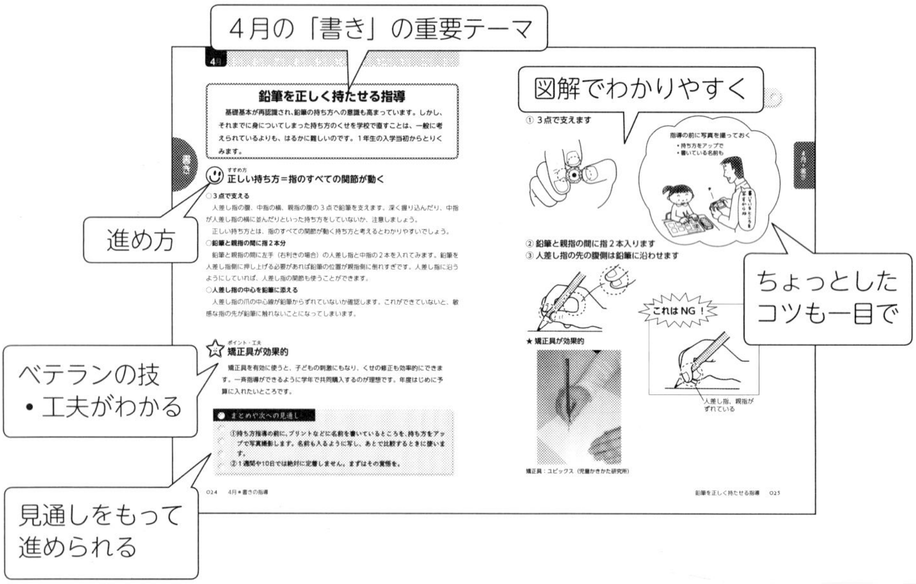

こんなときに◎ベテラン教師の技に学ぶ

1．時間が足らない、でも読み・書き・計算の力をしっかりつけたい。
★毎日の授業始めの５分や給食準備のすき間時間など、短い時間を積み重ねて基礎学力をつける効果的なやり方がわかります。

2．重要単元・重点教材を学習するときに役立つ情報がほしい。
★いつどんな準備をしたらよいか、授業全体を通して留意することは何かがわかります。

3．学力づくりを学級経営の柱にしたい。
★みんなで協力し合って学力をつけていくやり方がわかります。子どもたちは伸びが実感でき、温かいゆとりのある学級文化が育ちます。

巻末のプリント、テンプレートはすべてコピー・フリー

はじめに◎「学び」は子どもたち一人ひとりのものに

さまざまな教育課題にこたえる基礎学力

ある経済誌で、小学校教師への調査で2000人のうち61％が「今の子どもたちに身につけさせたい力や育成したいもの」として「基礎的、基本的学力」と答えた、という記事を見つけました。

学校教育の課題は多く、重点が大きく揺れることも少なくありません。「ゆとり教育」から「学力向上」に教育目標が転換されたり、「課題解決型学習」「英語教育」「道徳教育」と次々に研究テーマが提起されたりします。そうした変化や提起と、目の前の子どもたちの課題との間で教師たちが最も懸念しているのが「基礎学力」だと、この調査結果は示しています。

私たち「学力の基礎をきたえどの子も伸ばす研究会」は、「読み書き計算」の基礎学力をテーマに研究を重ねてきました。授業づくり、学級づくりも基礎学力の定着・伸長とセットに捉え、堅牢な基礎学力の上にこそ豊かな授業や学級の華が咲くと考えています。

時代とともに新しい授業技術・教育技術が開発されます。それが優れたものであるかの評価は、学びの主人公である子どもたちが成長することでしかできません。「教科書が読める」「文が書ける」「計算ができる」、これら当たり前のことを一人ひとりの子どもができて「課題解決型学習」や「協働学習」も成果があがります。

子どもを育て、学級を育て、授業をつくる基礎学力

基礎学力をつける実践は、教科内容とは一見離れているように思えるのでつい後回し、という声も聞かれます。しかし実は、教育課程にそった目標を達成させる近道でもあります。それは、

- 大がかりでなく、毎日の短時間の積み重ねでできます。
- 特別な教材教具の必要がなく、今からでもすぐにとりくめます。
- 成果が目に見えるので、子どもに自己肯定感が育ちます。
- みんなで賢くなる実践・とりくみなので、温かな学級文化が育ちます。

読み書き計算の基礎学力づくりは、それらの力とともに、子どもに根気強く、粘り強くやり続ける心性を育て、総合的・創造的に物事を考えていける力をつけます。これらは、将来にわたって子ども一人ひとりの揺るがぬ根となり、支え続けることでしょう。

本書をお使いいただき、ぜひ今日から基礎学力づくりにとりくんでみてください。あらたな発見がたくさんあるでしょう。

2015年２月　著者を代表して

学力の基礎をきたえどの子も伸ばす研究会　常任委員長

深沢　英雄

学力・学級づくり年間計画表（例）

	4月	5月	6月	7月
重点	**1学期** 学力の土台となる言語能力を強めるために書き言葉に習熟させます。			
読む力	音読 連れ読み……→ 全体指導と個別指導 口形と発声に注意 読み聞かせ（1年を通して指導）	音読 音読カードの活用……→ 変化のある反復練習 リレー読み 読書 （1年を通して指導）	音読 完璧読み……→ 詩の暗唱 （1年を通して指導）	音読 朗読的な読みをとりいれる
書く力	正しい姿勢（1年を通して指導） 鉛筆の持ち方 （1年を通して指導） ひらがな調査と一斉指導 1年生の漢字、かたかなの定着と復習 新出漢字の指導……→ 1日2個ずつ （1年を通して指導） 連絡帳 ノート指導	家庭と学校での練習 漢字小テスト （1年を通して指導）		名前の練習 ひらがな 視写を始める
計算	計算力調査 100マス計算導入…… たし算・ひき算	計算カード フラッシュカード を使って…… ……	…… ……	……→ ……→
学級づくり	学級開き クラスのめあて 学習のルール 持ち物の指導 正しい姿勢の指導 あいさつの指導 そうじの仕方の指導 宿題の出し方 当番活動の指導 係活動の指導 長縄とび （1年を通して指導）	100マス計算を…… 柱の一つにする （学級全員加減で4分台が出るまで）	…… 音読の相互評価で学び合う学級文化をつくる （1年を通して指導） マット運動の指導	……→

9月	10月	11月	12月	1月	2月	3月
2学期 2年生の関所。 たし算、ひき算、九九を確実に身につけさせます。				**3学期** 3年生に向けて、読み書き計算力の「足腰」を強くさせます。		
朗読的な読み ……	……	……	……	……	……	……→
作文指導 できごと日記 …… 教科書教材の視写 ……	…… …… 聴写 …… （視写のバリエーションとして）	…… …… ……	…… 学習作文 …… …… ……	名前の練習 漢字 漢字総復習 …… …… …… …… ……	…… …… …… …… ……	……→ ……→ ……→ ……→ ……→
筆算 2桁のたし算	筆算 ひき算	かけ算 意味 九九指導 九九カード ……	マスかけ算 …… 100マスかけ算 …… ……	……→ ……→ → 計算力基礎チェック ……	…… 聴記 計算	……→ 文章題の問題づくり
				いろはかるた 百人一首 ……	……→	詩の群読

もくじ

やる気いっぱいの２年生

１学期は、１年生で積み上げたことを確実に

２年生になると下の学年ができます。新１年生と比べると、身のまわりの事もでき学校のルールも守れるようになって、お兄ちゃんお姉ちゃんになったなと思います。でも、ついこの間まで１年生だったのです。たった十日や二十日の間にそんなにしっかりとするわけがありません。「もう２年生になったから、ちゃんとやりなさい」と突き放すと、萎えてしまう子もいます。１年生でやってきたことが確実にできるように、積み上げていく意識をもって指導していくことが肝要です。

２年生は先生の思いに従いその期待に応えようとする、もっとも規範意識の旺盛な学年です。先生や親にほめられるのがとてもうれしく、ほめられるとがんばる時期でもあります。また学校生活に慣れて、友だちを話したり一緒にしたりすることがとても楽しく感じられる時期です。

１学期には、学習面では基礎計算、漢字のさかのぼり指導をじっくりと行います。正しい姿勢、話を集中して聴くなど授業のルールを確認し、正しい鉛筆の持ち方でていねいな字を書かせます。生活面では、友だち関係がスムーズにいくような指導を徹底していきます。

２年生のエネルギーを学習につなげる

２年生という時期は、後半から競争意欲が出てきます。そのエネルギーをうんと活用しましょう。他の子に勝った負けたということより、過去の自分に比べて、どれだけ伸びたかを評価の中心にすえます。100マス計算や縄跳びはとてもいい教材です。

国語の学習では、教材文をまちがえずに「ゆっくり、はっきり、落ち着いて」読むことを意識させます。学習した漢字がすべて読め、８割程度の漢字を書くことができるように練習します。１学期からとりくんできた読書活動をさらに盛り上げていきます。読解力を養う基礎にもなります。算数では、２年生の計算が高学年の算数の土台となります。筆算の「104－47」というような空位のあるくり下がりの計算は、時間をかけてくり返し練習させていきましょう。かけ算は、具体物やタイルを用いた活動を通してかけ算の意味を理解させ、九九はカードを使ってどの子も確実にできるように指導します。

３学期は中学年の助走に

２年生は、体も心も頭も、ぐんと伸びるすてきな学年です。読むこと、書くこと、計算することを妥協なく徹底して指導しましょう。そのことが中学年以降の伸びの土台となります。土台をしっかりと固めましょう。

連れ読み１◎国語の授業開きで

国語の授業開きは音読からです。学習の基礎はまず読むことです。文をすらすらと読めることが、内容理解にもつながってきます。決しておろそかにできません。

すすめ方

国語の授業開きは教科書の扉の詩の音読から始める

○教師ははつらつと指示を出す

ここでは光村図書『こくご　２上　たんぽぽ』の扉の詩「たんぽぽ」を例にします。

「先生が『、』まで読みます。『、』のことを読点と言います。読み終わったら『サン　ハイ』と言いますから、その後に先生が読んだとおりに声をそろえて読んでください。この読み方を『連れ読み』といいます。姿勢はいいですか」

○正しい姿勢をとらす

すわって読むときと立って読むときがあります。右ページに両方の正しい姿勢のポイントをあげました。

教　師：たんぽぽさんって、

子ども：たんぽぽさんって、

教　師：うまい。声がそろっている。

教　師：まぶしいのね。

子ども：まぶしいのね。

ポイント・工夫

授業開きでも指導を徹底し、評価をきちんとする

①望ましく読めていないところは、指導を徹底します。できるまでやらせます。子どもが読みまちがいをしたら、やり直しさせます。

②出だしの声がそろうようにさせます。ばらばらならやり直させます。

③読みの間に教師の短い評価を入れます。ほめるのです（12ページ参照）。

まとめや次への見通し

①教師の読みを「まね」するところからが、音読のスタートです。

②教師の読みは、ゆっくりとしたテンポで読みます。

③姿勢の悪い子、読みに不安のある子を調べ、今後の指導にいかします。

◎音読の正しい姿勢

すわって読むとき

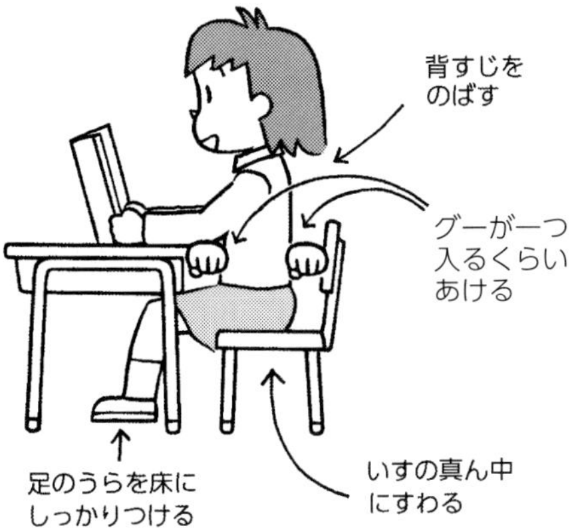
背すじを
のばす
グーが一つ
入るくらい
あける
足のうらを床に
しっかりつける
いすの真ん中
にすわる

立って読むとき

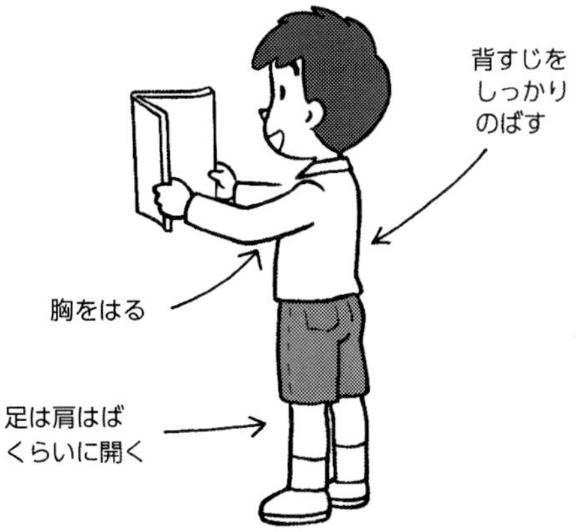
背すじを
しっかり
のばす
胸をはる
足は肩はば
くらいに開く

教師の声かけ

姿勢を正しくさせたいとき

「ハイ、姿勢を正しくして」
「本を立てて持って」
「足のうらをつけて」
「○○さんよく声が出ているよ
姿勢がいいからね」

授業開き用

音読の評価だったら

「本を顔の前に持ってこないで
少し下げましょう」
「教室の一番遠いところにす
わっている子にも聞こえる
ように」

◎こんな姿勢をしていませんか

NG

足を交差させない

足をぶらぶら浮かせ
ない

ピタッ

机を体に近づけすぎ
ない

本を持って読み、
机の上にひろげない

連れ読み２◎間やテンポに注意して読む

国語の２時間目です。教科書の最初の教材を使って、音読の仕方を教えていきます。ここでは教師の読みを模倣させます。声の大きさ、テンポ、リズム、「､」「｡」があるときの間などを指導します。

すすめ方

句点読み（一文読み）

○句点で切って連れ読み

教　師：次は、まるまでです。まるは句点といいます。

教　師：たんぽぽさんって、まぶしいのね。サン、ハイ。

子ども：たんぽぽさんって、まぶしいのね。

教　師：そう、今の読み方よかった。声に張りがあって、とてもよく聞こえたよ。

教　師：ひまわりさんの　子で、お日さまの　まごだから。サン、ハイ。

子ども：ひまわりさんの　子で、お日さまの　まごだから。

教　師：豊君うまい。口がしっかりと開いています。

教　師：と、ちょうちょうが　きいた。

子ども：とちょうちょうが　きいた。

教　師：だめです。「と」で少し切って読みます。

と読点、句点読みのときに、正しく読めるように徹底し練習をさせます。

ポイント・工夫

リズムは「トン」「トントン」で

文が長くなると、読点で止まらずにいっきに読もうとする子がいます。基礎音読は読点で「トン」と休み、句点で「トントン」と休むことを基本として練習します。出だしの音がそろうようにさせます。ばらばらならやり直させます。

まとめや次への見通し

①句点読みが終われば、形式段落で切って連れ読みをします。

◎連れ読みで音読指導

◎息つぎでリズムをつくる

「、」＝トンのリズム

「。」＝トントンのリズム

連れ読みのメリット

- 教師の声が耳に残っていて、声が出しやすい
- 読みをまちがえて目立たないので、安心して練習できる

連れ読み３◎個別に指導する

教師との連れ読みの後は、個人練習をさせます。連れ読みをすることで、全体の底上げはできますが、個々の読みをアップさせるには、個別の指導が必要です。

すすめ方

全体指導の中の個別指導の仕方

○机間巡視で一人ひとりに声をかける

「じょうずになってきましたね。もっとすらすら読めるように、先生が『やめ』と言うまで、練習しましょう」と個人で音読練習をさせます。全員が読み始めるので、教室中に声が響きます。**めいめいの好みの速度で読ませます。**

その間に、机間巡視をして「声がしっかりと出ているね」「姿勢がいいな」「口を大きく開けているね」などと励まします。

○苦手な子への指導の仕方

音読の苦手な子には、机のそばにしゃがんで、耳を近づけて聞きます。教室に声が響いているので、子どもは恥ずかしさも和らいでいます。まちがっている読み方には、教師のリードで連れ読みをしたり、教師が指で教科書を示したりします。「そうそう、うまい。その調子！」「声がはっきりと出てきたよ」とほめます。

苦手な子が数人いたら、教師の机の周りに集めて、指導します。連れ読みから始めます。数人なので、声が出ていない子やまちがっている子がすぐにわかります。

ポイント・工夫

となり同士、互いの音読を聞き合う

右ページのようなペア練習を加え、個人練習に変化をもたせます。「聞く人」を設定して練習することで、子どもは自分の音読を客観的に知り、さらに上達します。

まとめや次への見通し

①上の指導のやり方は全体を指導しつつ、個別に関わる時間を生み出す方法です。他の場面でも応用できます。
②連れ読みという一斉指導を徹底し、音読の底上げをはかります。

全体練習での音読が苦手な子の練習のさせ方

それぞれ自分の速度で
読ませる

①一人ひとりの音読を近くで聞いて評価する

②苦手な子には個別指導

③苦手な子を集めて指導する

④２人ペア練習

口形と発声を指導する

「あいうえお」の詩を使い、口形を確認します。そして詩のなかで指定されたとおりに動作をしたり、読み方を変えて読むことで、発声・発音の基礎を楽しく学びます。

すすめ方

口のかたちに気をつけて

○詩の中の指示に従う

①「おなかに手をあて」のところは、息をしたときにお腹がふくらんでいるかを意識させます。

②次に「あいうえお」と言うときには口形を意識させます。正しい口の形、口の開け方を教え、大きく口を開けさせます。

③胸に手をあてます。胸に響く声がいい声の一つです。胸に響いているかを確認します。

④頬に手をあてさせて、頬をマッサージします。口の周りの筋肉がかたくなっていないかを確かめます。

⑤「みじかく　きって」は、どこに「あ」がとんでいくか、指を差させ、指先から声がとび出していくイメージで発声します。

⑥「すこし　のばして」は自分の手のひらに「あ」をのせて、相手にとどけるイメージです。最後の「お」は息が続く限りのばしてみましょう。長く声を出します。腹式呼吸ができている子は、長く息が出ます。「体が楽器」というイメージをもたせましょう。

ポイント・工夫

声をとばす場所を意識させる

恥ずかしがって声が出ないときには、「みじかく　きって」のところで、声をどこにとばすかを意識させます。「あ」は天井の蛍光灯。「い」は教室の前面にある時計……というように具体的に飛ばす場所を決めさせます。

まとめや次への見通し

①1年生で口形指導はしますが、２年生でも４月にはさかのぼって指導したいものです。

②1年間を通して音読やクラスで歌を歌うときにも、口形を確認し、定着させます。

発声・発音の基礎を楽しく学ぶ

あいうえお

あらい　たけこ

おなかに　手《て》を　あて
「あいうえお」

むねに　手《て》を　あて
「あいうえお」

ほほに　手《て》を　あて
「あいうえお」

みじかく　きって
「あ、い、う、え、お」

すこし　のばして
「あー、いー、うー、えー、おー」

では　もう一ど
おなかに　手《て》を　あて
「あいうえお」

あいうえお　は
母音《ぼいん》　といって、
日本《にほん》の　ことばの　母《かあ》さんです

（『群読ふたり読み』高文研）

①動作をする

「おなかに手をあて」

息をすったとき
お腹が
ふくらんでる？

すうー
ぷく

「むねに手をあて」

あー

胸が
ひびいてる？

②声をどこにとばすか

「みじかくきって」

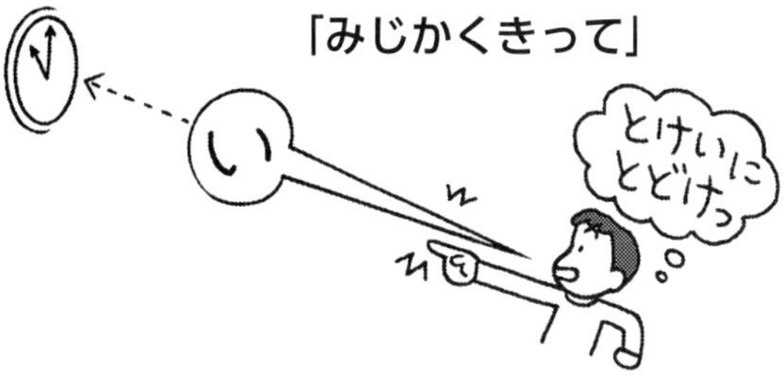
い
とけいにとどけっ

③　最後に息が続く限りのばしましょう

あー
できるだけ長く——

④腹式呼吸をする

横になって
ためしてみよう

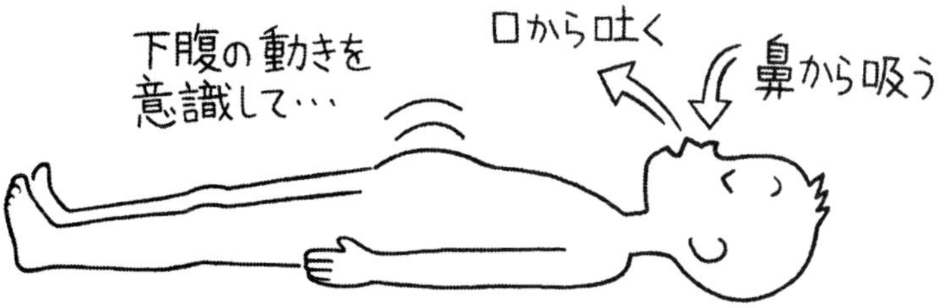
下腹の動きを
意識して･･･
口から吐く
鼻から吸う

読み聞かせ〈1年を通して〉

読書は子どもの興味、情緒的発達、想像力を刺激し、大事な言語能力を高めます。２年生の目標は１年を通して自分の力で本を読む力をつけることです。読み聞かせを通じて読書の楽しさを伝えます。

すすめ方

読み聞かせの方法

○読み聞かせのときの集め方と約束

①できるだけ教室の一か所に子どもを集めます。（自分の席から移動をしないで読む場合もあります。）

②集まるときの約束は、おしゃべりをせずにさっと集まるです。すわる位置も指示します。

③聞き方は、つねに良い姿勢で、読み手に視線を向けさせ、しっかりと聞き取らせます。

○読み方

①絵本の表紙をゆっくり見せます。表紙には、絵本の主題があるからです。

②題名と文を書いた人、絵を描いた人の名前を読みます。

③本文は読み手の解釈を入れて、読みます。声で情景を描くように心がけます。

④読み終わったら、裏表紙を見せて、余韻をもって終わります。

○読み終わったらほめる

「聞き方がよくなってきたね。どの子もちゃんとした姿勢で聞いている」とがんばっているところをほめます。

ポイント・工夫

学年当初はユーモアのある内容の本

読み聞かせが終わっても、とくに感想は求めません。子どもたちが感想をつぶやいたら、受けてやればいいと思います。学年当初は、楽しくて、声を出して笑うような本がいいでしょう。少しずつ深い内容のものをとりあげていきます。

まとめや次への見通し

①読み聞かせこそ、継続は力なりです。年間を通して、読んでいきましょう。

②１年間の読み聞かせを通じて、聞く力をつけることも意識します。

③読書については５月ごろからとりくんでいきます。（76ページ参照）

楽しい読書空間を演出しよう

①読み聞かせの手順

1）ゆっくり表紙を見せる。題名、著者名、絵を描いた人の名などていねいに読む
2）表紙をめくり、扉に書かれている内容を読む
3）気持ちを入れて読む
4）裏表紙を見せておしまい

聞き手が理解できるスピードで読む
本は子どもたちの目線より少し上の位置に
左手で本の下の中央を絵がかくれないように持つ
絵が小さい場合などは指をさして、視線を誘導する

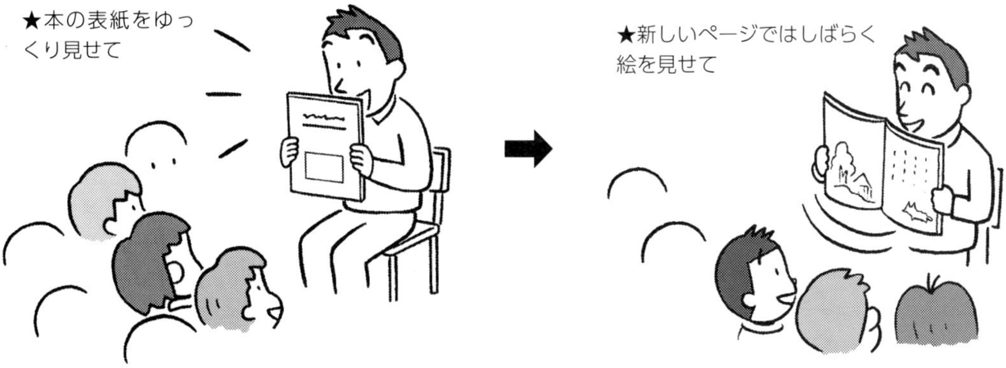
★本の表紙をゆっくり見せて
★新しいページではしばらく絵を見せて

②こんなときに読み聞かせを

- 朝の会
- 読書の時間のはじめ５分
- 授業で少し早くおわったら
- 「読み聞かせ月間」のような時期をもうけて

③ 読んだ本を掲示する

これまで読んだ本
4/10 となりのせきのますだくん
4/13 くんちゃんのはじめてのがっこう
4 14 おひさまがいっぱい
4/25 くまの子ウーフ
5/3 14ひきのピクニック
たくさん読んでもらったね

こんなとき、こんな本を

学級びらきには

『やさいの　おなか』きうちかつ（福音館書店）
『やさいの　せなか』きうちかつ（福音館書店）
『くだもの　なんだ』きうちかつ（福音館書店）

ユーモアたっぷり

『ねえ、どれが いい？』ジョン・バーニンガム作
まつかわまゆみ訳（評論社）
『どろぼ がっこう』かこさとし（偕成社）
『きょだいな きょだいな』長谷川摂子（福音館書店）

鉛筆を正しく持たせる

1年生で正しい鉛筆の持ち方は習っています。しかし2年生になってどれだけの子が鉛筆の持ち方が正しくできているか調べてみると、わずかの子しかいません。くり返し練習する必要があります。

すすめ方

正しい鉛筆の持ち方を指導する

○余分な力がかからないように

親指2か所と他4本の指のそれぞれ3か所と、手首の関節を合わせた計15か所が自由に屈伸できることが大事です。鉛筆を持って字を書くときに手や腕に余分の力がかからないようにします。

○新出漢字の練習の場面で、鉛筆の持ち方を指導する

漢字指導の場面でかならず鉛筆の持ち方を確認し、指導します。

教　師：今日は、「頭」を練習します。正しい姿勢になっていますか。右胸の前にドリルを持ってきていますね。

子ども：合わせました。

教　師：鉛筆の持ち方を確かめましょう。鉛筆を上にあげて、大丈夫ですか。

教　師：書いていきましょう。

書いていくと持ち方が乱れてきます。その頃を見計らって声をかけます。

教　師：はい。鉛筆を上にあげて。鉛筆が人差し指にそっていますか。

何度も確認することで少しずつ持ち方が定着していきます

ポイント・工夫

三点支持を徹底する

鉛筆は、親指・人差し指・中指の3本で持ちます。鉛筆を正面から見ると、3本の指がそれぞれ均等に位置しています。力を入れるとこの3点支持がくずれると、「とんがり持ち」「にぎり持ち」になります。

まとめや次への見通し

①ここでは、漢字指導の場面での指導例を示しました。ノートをとる、連絡帳を書くなどの他の場面でも、日常的に鉛筆の正しい持ち方ができるように指導を1年間継続させます。

正しい鉛筆の持ち方が学習力をアップさせる

①鉛筆の正しい持ち方

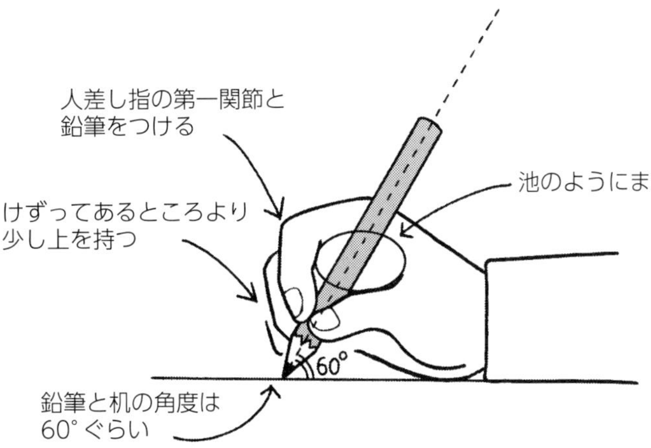
人差し指の第一関節と
鉛筆をつける
池のようにまるく
けずってあるところより
少し上を持つ
60°
鉛筆と机の角度は
60° ぐらい

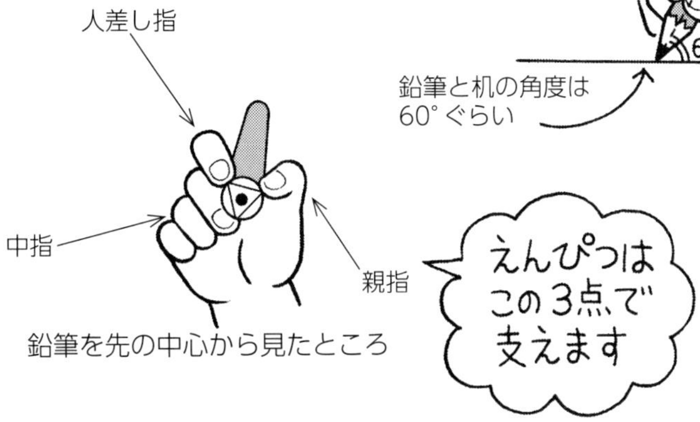
人差し指
中指
親指
えんぴつは
この3点で
支えます

鉛筆を先の中心から見たところ

②書いている途中でなおす

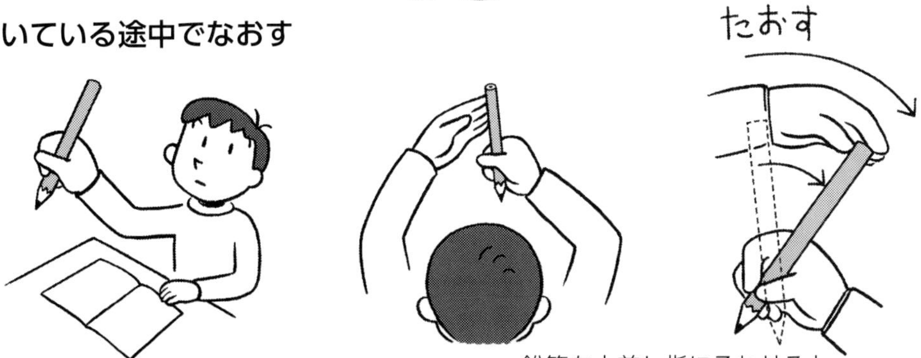
たおす

「鉛筆を上にあげて」

鉛筆を人差し指にそわせると
正しい持ち方にもどる

③書くときの正しい姿勢

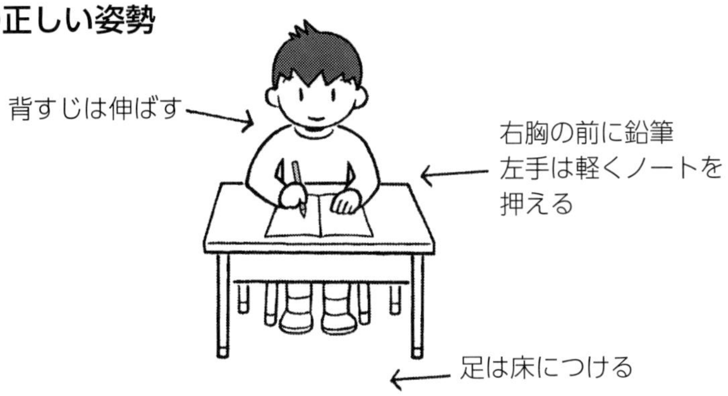
背すじは伸ばす
右胸の前に鉛筆
左手は軽くノートを
押える
足は床につける

ひらがな調査をする

ひらがなは１年生で練習していますが、２年生の春には字形がくずれていたり、ていねいに書かない子がいたりします。学年始めにひらがながどれだけ書けているかの調査をします。

すすめ方

手本と書く紙を用意して始める

○ひらがな手本

一人ひとりの子どもが、ひらがなをどれだけ正確に書けるかを把握する必要があります。ひらがな46文字が書いてあるプリントを用意します（右ページに見本）。

- きちんと削れている鉛筆を用意させます。左に手本､右に書く紙を机の上に置かせます。消しゴムはなるべく使わせません。
- 手本は折って１行分を書く紙の横に置かせます（右ページ下段参照）。
- 時間をたっぷりとります。ひらがなテストをする前に本を机の中に入れさせておき、早く終わった子は静かに読書をさせます。おしゃべりは禁止です。
- １年生で習ったひらがなの字形が違う場合があるので、手本と同じ字を書くようにを指示します。

○机間巡視で三つのポイントをチェック

ひらがな調査の間に、教師は子ども一人ひとりの書いている様子を見ていきます。見るポイントは三つです。①書く姿勢②鉛筆の持ち方③書き順。

ポイント・工夫

ひらがなから子どもを分析

ひらがな46文字を書くと、途中から字が乱れてくる子がいます。たいてい集中力がない子です。手本をよく見ている子は、たとえば「な」の結びを△に書くことができます。手本をどれだけ注意深く見て書くことができるかを調べます。

まとめや次への見通し

①ひらがなテストを今後の書きの指導にいかすように、分析します。
②４月だけでなく他の月でも何度かテストし、伸びを確かめ、子どもに意欲をもたせます。

ひらがなチェックシート

名前（　　　　　　　　）

わ	ら	や	ま	は	な	た	さ	か	あ
	り		み	ひ	に	ち	し	き	い
	る	ゆ	む	ふ	ぬ	つ	す	く	う
を	れ		め	へ	ね	て	せ	け	え
ん	ろ	よ	も	ほ	の	と	そ	こ	お

ひらがなチェックシート

名前（　　　　　　　　）

☆１マス23～５mm程度がよい（上の見本を200％拡大で使用するとベスト）。

ひらがなを一斉指導する

２年生になり、ひらがなが前よりじょうずに書けるように指導します。正しく、美しいひらがなを書くポイントを代表的なひらがなを例にとって、字形指導をします。

すすめ方

一斉指導で集中的にとりくむ

教師のリードのもとに書かせます。一見時間がかかるようですが、集中してとりくめば達成感も味わえます。

○ポイントを教える

１年生に比べて、子どもたちは字を書くときに手を抜きはじめます。速く書いて乱雑で字形が整わない子が出てきます。字をていねいに書く子は集中力がつき、全体に学力が伸びます。しかし、「ていねいに書きなさい」「正しく書きなさい」と言うだけでは、子どもは、どう書けばよいかわかりません。そこで字を書くポイントを一斉指導します。

○始筆をうたせる

枠のどこに一番最初に鉛筆を置くかで字形が決まります。手本を見て、鉛筆の先で「ちょん」と点を打たせます。ずれていたら指摘してやり直しをさせます。

○教師の声に合わせて全員同時にすすめる

教　師：５列１段目、書いてください。

子ども：はい。（声を出すことで意識が集中します。子どもが書いた頃を見計らって。）

教　師：６列１段目。（このように指示を出して一斉に書かせていきます。）

ポイント・工夫

自分の字の変化を感じさせる

プリントの裏に、練習する前の字を書かせます。練習したあとに、もう一度裏に書かせて、自分の字の変容を感じとらせます。「やった。きれいになった」と喜ぶ子もいます。自分で変化を見える目を養っていきます。

まとめや次への見通し

①国語の授業始めを使って少しずつ練習をさせ、できればすべてのひらがなを１学期中には復習させたいものです。

②連絡帳やノートを書くときにも、指導したひらがなのポイントをチェックして意識させます。

ていねいに書く習慣が学力アップにつながる

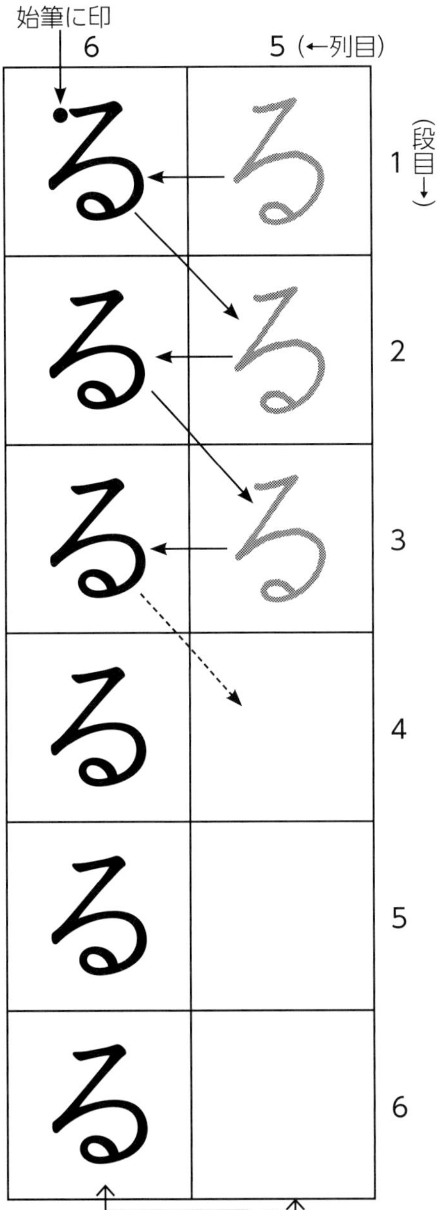

・プリントのうらに「る」を書きます。あとのお楽しみだよ

・５列１段目、一番最初に鉛筆をおくところにちょんと点を打ちます

はい

短く横ぼうを書きます①
次はななめに書きます②

「る」の最後に丸くするところは魚の形です

「さかなさかな」と思って書いてごらん。ひらべったいいい形の丸が書けましたね

６列１段目の手本をなぞりましょう

５列２段目を書いてください

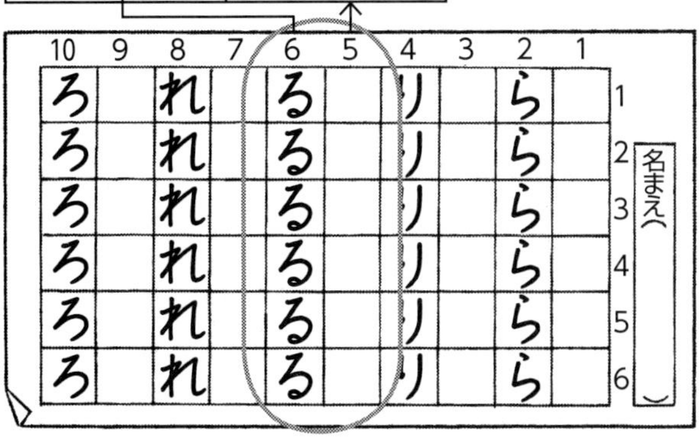

10	9	8	7	6	5	4	3	2	1	
ろ		れ		る		り		ら		1
ろ		れ		る		り		ら		2
ろ		れ		る		り		ら		3
ろ		れ		る		り		ら		4
ろ		れ		る		り		ら		5
ろ		れ		る		り		ら		6

名まえ（　）

ひらがなプリントの作り方

Ｂ４の用紙に１マス 25 mm の大きさで左のように作ります。欄外に列、段の数字を記入し、上のように始筆に印をつけます。

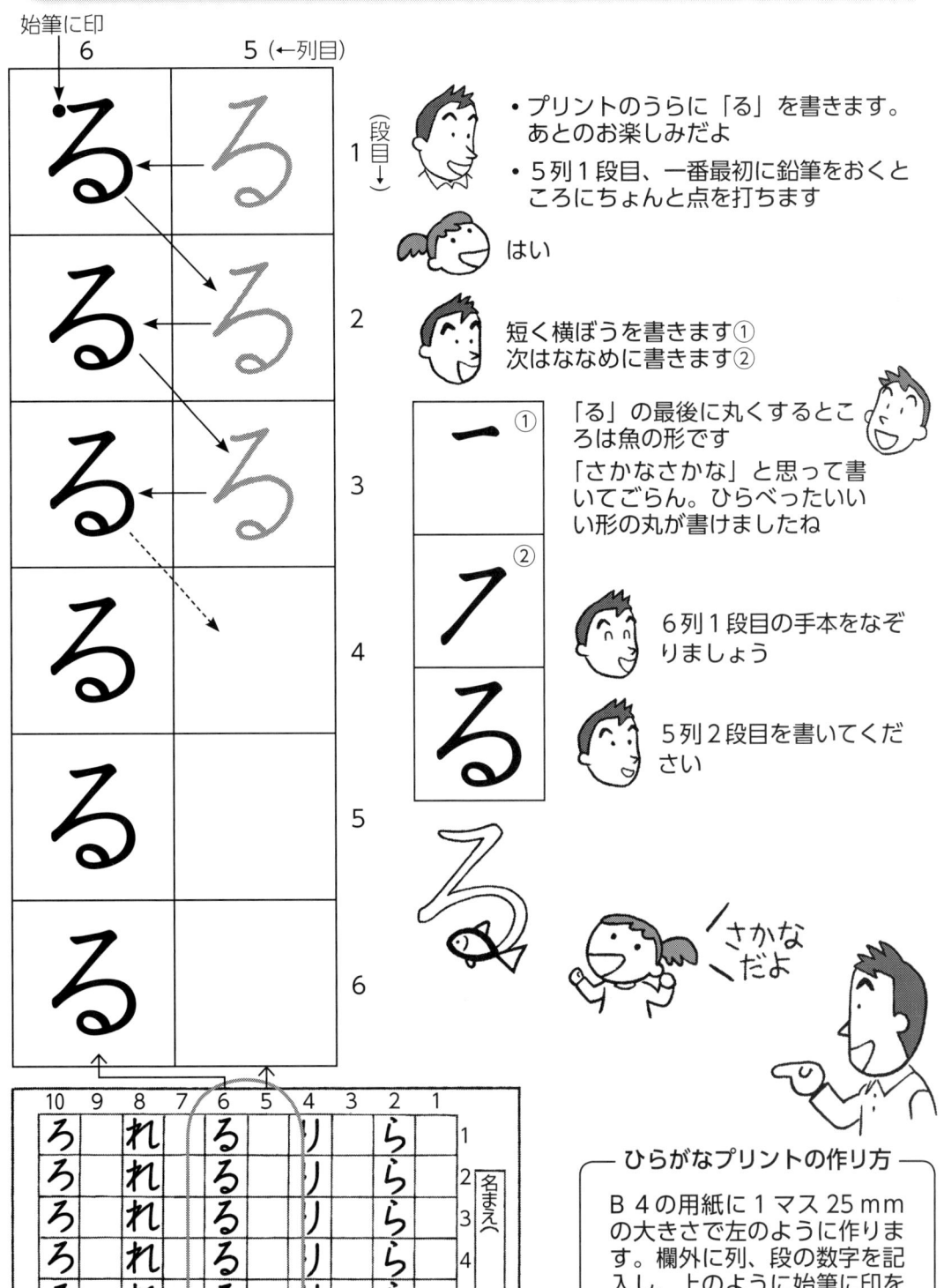

1年生の漢字・かたかなの定着度を知る

余裕ができてきたら、1年生の漢字とかたかながどのくらい書けるか、実態をつかみます。1学期のうちにさかのぼり指導をして1年生の漢字がすべて書けるようにします。

すすめ方

1年生の漢字・かたかなをさかのぼり指導する

○1年生の漢字習得を調査する

1年生の漢字習得の実態をつかむ必要があります。1年の漢字はこれからの漢字学習の基礎になります。どの漢字が書けていないかを調べます（テスト例巻末に掲載。B５を学級の実態に合わせて拡大して使う）。

○かたかなが正確に書けているかを調査する

高学年になっても、「シとツ」「ンとソ」「ナとメ」が正確に書けない子がいます。かたかながきちんと書けるかを調べます（右ページにテスト例）。かたかなは漢字の一部を取り出して作られています。したがって、かたかなを正確に覚えることは、漢字指導を進めるうえで有効です。１学期の始めは、１年生の漢字復習の前にかたかなの練習からします。

○1年生の漢字を練習する

かたかなの練習が終われば、漢字の復習は１年生の漢字習熟用のプリントを使って、１学期の間に少しずつ復習をします。時間はかかりますが、基礎をかためることがこれからの漢字指導には重要です。おすすめは『新漢字習熟プリント１年生』（清風堂書店）です。

ポイント・工夫

漢字の復習のポイント

漢字が苦手な子は形を正しくとれません。見て正しく書くことができないのです。漢字をなぞる練習をうんとさせましょう。なぞるときは「はみ出ない」こと。「はね・とめ・はらい」を意識させてきちんと書かせるようにします。

まとめや次への見通し

①1年生の学習漢字は80字、かたかなは46字、これら126文字の総復習計画を１学期のあいだに立てて、さかのぼり指導をしていきましょう。

テストだけでなく机間巡視して実態を知る

★机間巡視ではこんなところに注意

かたかなプリント例

かたかなで書きましょう① 名（　　）

番号	もんだい	こたえ
1	わんわん	
2	かっこうかっこう	
3	どすんどすん	
4	ごろごろごろ	
5	いそっぷ	
6	ふらんす	
7	りんかあん	
8	しゃつ	
9	あんでるせん	
10	いぐあのどん	
11	なめくじ	
12	かまきり	

新出漢字の指導を始める

毎日計画を立てて、新出漢字を練習します。１日２字から４字を計画的にていねいに教えていきます。新出漢字の練習のやり方を決めて、継続的に指導します。

すすめ方

４月から漢字練習をシステム化する

国語の授業の最初10分を新出漢字の練習にあてます。右ページと合わせて読んでください。

①漢字ドリルの音読

新出漢字の読み（音訓）、短文（熟語）、成り立ちなどドリルに載っていることを教師が読んだあとについて読ませます。

②空中書き

腕を伸ばして、筆順を確認するために空中書きをさせます。教師は鏡文字を空中で書き、子どもたちにはその通りに書かせます。

③指書き

「イチ、ニ、サン…」と声を出して、手本の上に指で筆順を確認しながら書いていきます。

④なぞり書き

ドリルにはなぞり用に漢字が印刷されています。字形を意識させてはみ出ないようになぞらせます。雑に書く子がいるので、きちんと書かせます。

⑤写し書き

下の枠に漢字を書かせます。

ポイント・工夫

漢字の成り立ちで興味をもたせる

２年生にわかる程度に、教師が漢字の成り立ちをわかりやすく説明をします。漢字に対する興味関心をもたせるにはとても有効です。すべての漢字の成り立ちを教える必要はありません。

まとめや次への見通し

①１日２文字～４文字で、月ごとの計画を立てて新出漢字を指導をします。
②漢字定着のための復習については78ページを参照してください。

ポイントは漢字ドリルを使って進めること

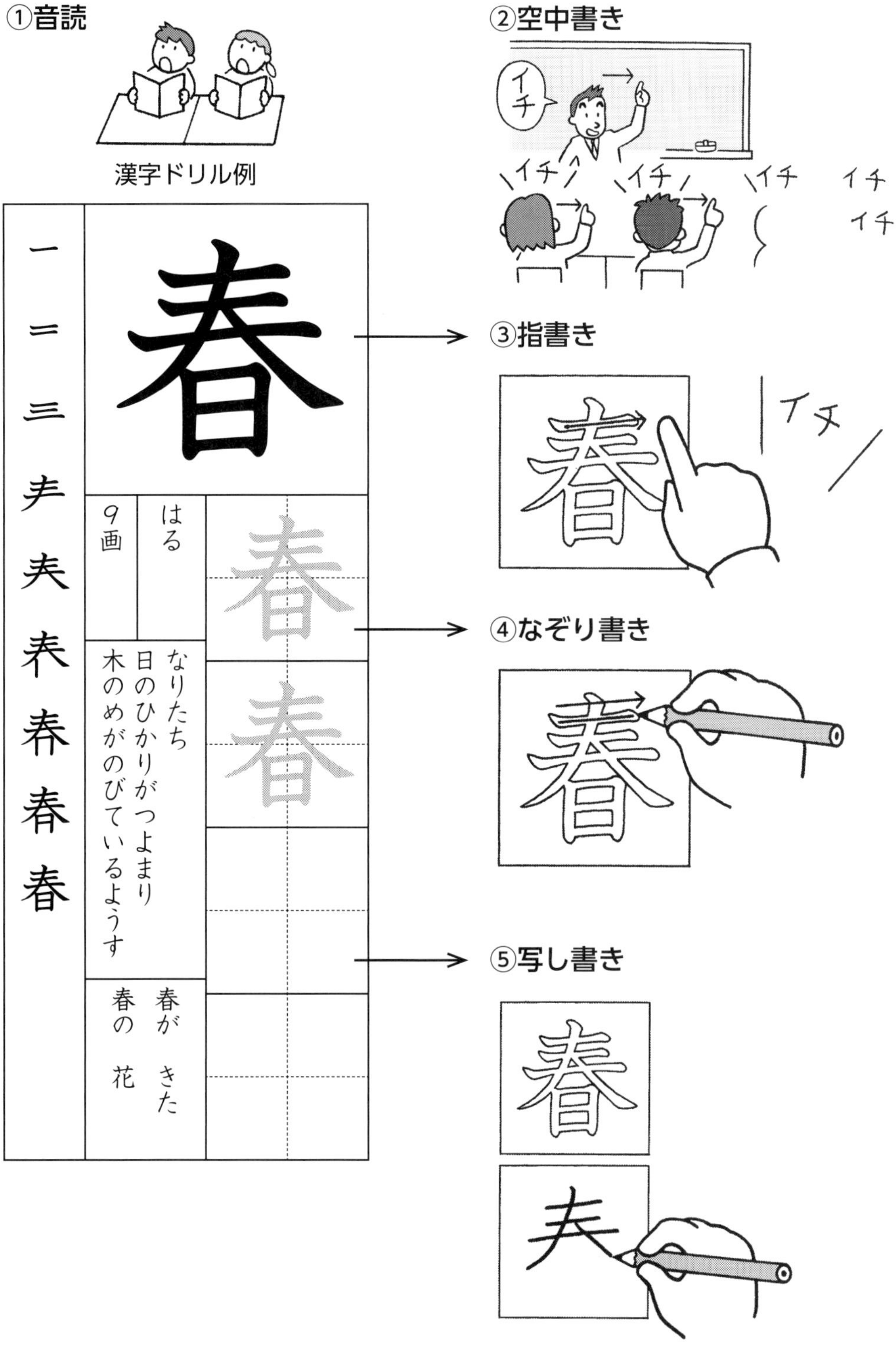

連絡帳1◎書き方を指導する

毎日、正しくていねいに連絡帳を書かせることで書写能力の向上や、宿題の確認や忘れ物防止をはかるとともに、保護者との信頼関係をつくっていきます。

すすめ方

“最高の字”で書かせる

○連絡帳を書く時間を確保する

連絡帳は、教科のノートよりも保護者が見る機会が多いものです。保護者は、毎日書く連絡帳の書きぶりから、学校での様子を知ることになります。

給食の待ち時間や帰り間際にあわてて書かせるのではなく、１日のうちで、決まった時間をきちんと確保して書かせたいものです。帰りの会や授業の終わりの５分〜10分ほどの時間を使います。

子どもたちには自分の最高の字で書くことを指示します。

○スタイルを教える

子どもの連絡帳と同じ枠を黒板に書きます。教師の書くスピードに合わせて、一斉に書かせます。日付、宿題、持ち物など書く形式を教えれば、子どもは見通しがもてます。

○教師も最高の字を書く

子どもに最高の字を要求するのですから、教師もゆっくりと字形を意識して書きます。このときにひらがなの字形ポイントを確認しながら、意識して書かせるようにします。

ポイント・工夫

板書と同じように書かせる

連絡帳指導をはじめてするときに、板書と同じように書くことを話します。子どもはつい自分勝手に省略して、計算ドリルなら、「ケイド」と書いたりしますが、その場合はやり直しをさせます。

まとめや次への見通し

①なにごとも最初が肝心ですが、とくに連絡帳はていねいに指導し、１年間でいつでもていねいな字が書けることをめざしての第一歩とします。

◎連絡帳指導は、〝決まった時間に一斉に書く〟がコツ

◎きれいな連絡帳を書かせるコツ

- 決まった時間を確保する
- 形式を決める
- 一斉に書かせる
- 教師もゆっくり字形を意識して書く

◎こんな場合は指導を

- わくからはみ出ている
- 小さな字で書く
- 大きすぎる字で書く
- うすい字で書く
- 濃すぎる字で書く
- 習った漢字が使えていない

連絡帳２◎学級づくりの契機に

連絡帳を書くことは、ただの連絡に利用するだけではなくて、いろいろな利用の仕方があります。字をていねいに書かせる練習を学級づくりにもいかします。

すすめ方

クラスづくりのツールとしていかす

○ていねいな字に丸をつける

４月当初は教師が毎日確認します。きたない字やまちがった書き方はやり直しです。連絡帳が書けたら教師に見せます。「手本や先生と同じような字には丸をつけます」と言います。「一」とか「し」という字ならどの子も丸になるでしょう。毎日続けていくと、字形の整った字が増えてきて、丸がたくさん入ります。

○子どもの自己肯定感を育てる点検

４月当初は書けたらすぐに持ってこさせます。子どもの目の前で丸をつけていきます。最初は一つしか丸がなかった子も、ていねいに書こうという意識をもつとだんだんと丸の数が増えてきて「やった。今日は丸が増えた」と喜ぶ子が出てきます。そうするとクラス全体で連絡帳の字をていねいに書こうという熱気が出てきます。

ていねいに字を書く→認められる→自分の成長を実感できる、というサイクルになります。連絡帳を書くことが学級づくりのアイテムにもなります。

ポイント・工夫

文字への美的感覚を育てる

字に対する美的感覚ができていない子は、教師がチェックしないとすぐに乱雑な字になります。ていねいに書くという習慣が身についてない子には、いつも教師の目があることを知らせておきます。毎日見ることができなくても、ときどきでも丸をつけて評価します。

まとめや次への見通し

①字をていねいに書くことを体得するには時間がかかります。根気よく指導しましょう。

連絡帳の文字をていねいに評価して学級づくりにいかす

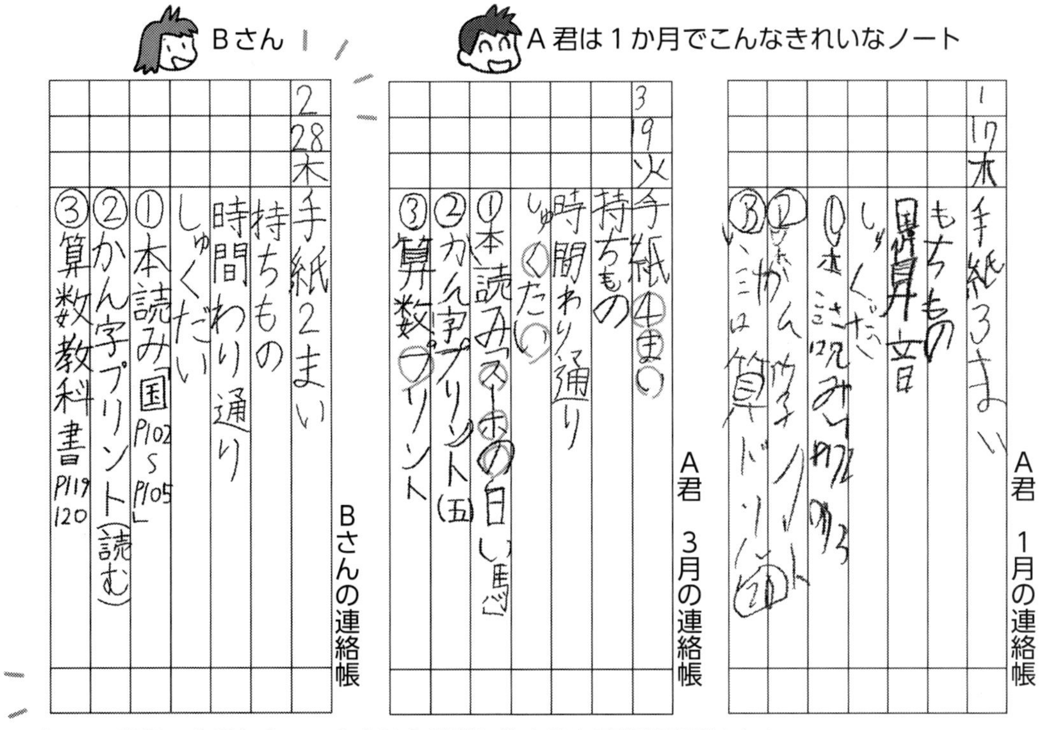

※学級の実態からこのときは3学期に集中的な連絡帳指導をした

ノート指導

学習したことを定着させるためには、書かせることを怠ってはなりません。教師が子どもたちによくわかるよう板書を工夫し、その板書を必ずノートに写すことを指導します。

すすめ方

ノートは学習の足跡

○板書を重視する

板書は授業をまとめる学習の要点であり、子どもたちにきちんと定着させたい内容が書かれています。板書を写しながら、子どもたちは教科書の内容や先生の説明、友だちの発言などを反芻し、学習内容を頭にきざみこんでいきます。理解のゆっくりした子にとっては、とくに大切な過程です。

○板書とノートは対応している

高学年になれば、工夫したノートに発展させていきたいですが、２年生ではまずは、きちんと写すことから始めます。黒板に、子どもが持っているノートと同じ罫線をひきます。子どもには教師の板書とまったく同じように書かせます。どこのマス目から書くのか、１行あいて書くのかなどを指示しながら写させます。そのためには、

①書く時間を確保して、書いているかどうかを机間巡視します。（ほめることとアドバイスを意識します。）

②となり同士で、書いたかどうかのチェックをします。

③ノートの提出させ、教師が点検します。点検のポイントは、板書と同じように書けているかです。ちがっていたらやり直しをさせます。

ポイント・工夫

ノートコンテストを開こう

書いたページを開かせます。クラス全員の名前を書いた表を持って、順番に友だちのノートを見ていきます。「いいなと思ったノートを書いた人を５人選んで、表に○をつけます」。こうして投票でベスト５を選びます。そしてベスト５のノートをコピーをし、教室に貼り出します。

まとめや次への見通し

①１学期の終わりに上記のようなノートコンテスト計画を立てましょう。子どもたちに予告をして、モチベーションを高めるとよいでしょう。

2年生のノート指導のポイント

①ノートを書く時間を確保する
②教師の板書どおりに写す

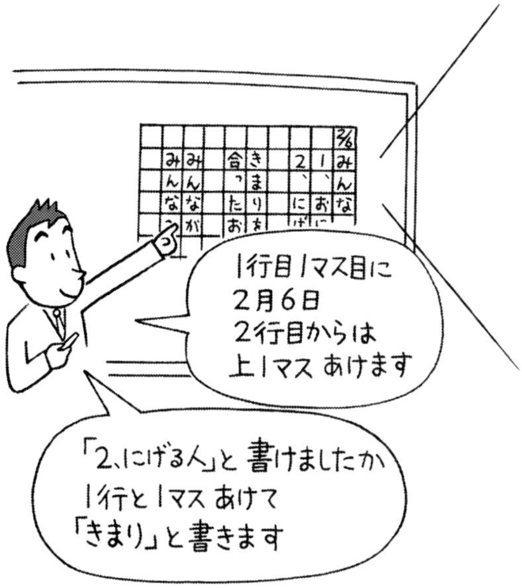

1行目1マス目に
2月6日
2行目からは
上1マス あけます
「2、にげる人」と 書けましたか
1行と1マス あけて
「きまり」と書きます

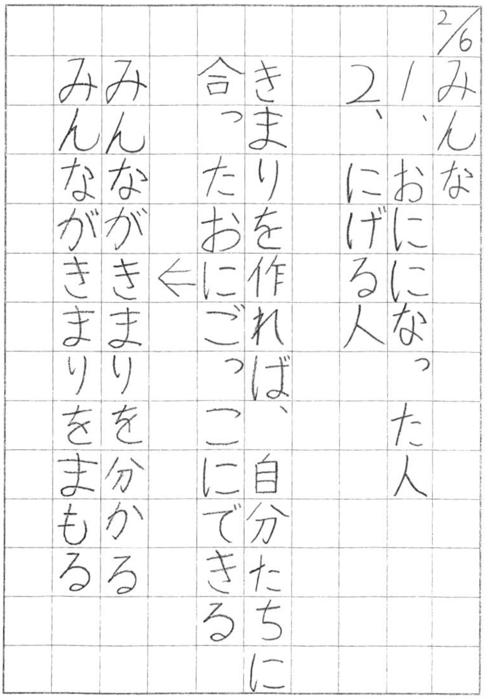

2/6
みんな
1、おにになった人
2、にげる人
きまりを作れば、自分たちに
合ったおにごっこにできる
⇐
みんながきまりを分かる
みんながきまりをまもる

③となり同士で確認

④教師が点検

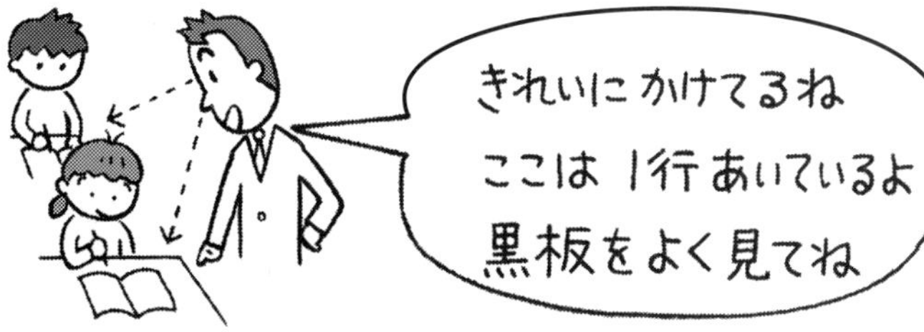

きれいにかけてるね
ここは 1行あいているよ
黒板をよく見てね

⑤ノートコンテスト

ノート
ベスト5
表彰状
○○○さん
あなたは

たし算・ひき算「計算力調査」

１年生でのたし算・ひき算が速く正確にできることが、２年生の計算の基礎になります。４月始めに「計算力調査」をして、４月〜５月に１年生のたし算・ひき算の復習を進めます。

すすめ方

年度始めの１週間以内に実施する

○たし算・ひき算（よこ算）100問テストをする

新年度が始まって、１週間以内に、算数の時間を使って、計算力の実態把握するためのテストをします。基礎たし算、ひき算それぞれ100問のよこ算プリントを使います。プリントに名前を書かせて、①番から順にやっていくこと、わからない問題はあけて、次を解くように指示します。

○タイムをはかる

教師の「始め」で開始し、できた子は「ハイ」と手をまっすぐに挙げさせます。教師は「何分何秒」と言い、子どもはそのタイムをプリントに書いて鉛筆を置き、あらかじめ用意させておいた本を読んで静かに待ちます。

教師は、子どもが問題を解いている間に様子を観察します。途中でごそごそする子、休憩している子、指を使って計算する子、問題をとばしている子、まちがいが多い子などを座席表に記録します。個別対応が必要な子を把握する場ともするのです。

ポイント・工夫

データ化する

テストが終われば、回収し丸つけをして、点数・時間を記録します。できれば、誤答の問題も記録します。個々につまずきのある問題を把握して、これからの指導に役立てます。「この子はくり下がりでつまずいている、この子は10の合成分解から教えないといけない」など、子ども各々の課題が見つかります。

まとめや次への見通し

①一人ひとりの計算力の正確さとスピードを調べ、今後の算数指導にいかします。

たしざんテスト　名まえ　　　　てん

(1) 4+1=	(26) 5+6=	(51) 5+4=	(76) 1+3=
(2) 1+4=	(27) 0+6=	(52) 2+9=	(77) 4+0=
(3) 8+5=	(28) 0+8=	(53) 8+0=	(78) 6+9=
(4) 6+5=	(29) 7+4=	(54) 8+7=	(79) 1+8=
(5) 8+8=	(30) 7+0=	(55) 2+4=	(80) 0+0=
(6) 7+7=	(31) 0+3=	(56) 3+7=	(81) 3+6=
(7) 3+2=	(32) 4+3=	(57) 1+1=	(82) 6+3=
(8) 5+8=	(33) 5+5=	(58) 2+2=	(83) 9+3=
(9) 7+2=	(34) 6+2=	(59) 2+1=	(84) 5+9=
(10) 1+9=	(35) 5+0=	(60) 8+9=	(85) 2+3=
(11) 8+4=	(36) 4+9=	(61) 4+8=	(86) 6+4=
(12) 9+7=	(37) 7+1=	(62) 0+4=	(87) 8+6=
(13) 4+7=	(38) 9+8=	(63) 1+0=	(88) 0+5=
(14) 8+2=	(39) 3+1=	(64) 3+4=	(89) 9+6=
(15) 4+5=	(40) 3+0=	(65) 9+2=	(90) 1+2=
(16) 9+4=	(41) 2+6=	(66) 2+0=	(91) 6+8=
(17) 3+3=	(42) 2+7=	(67) 0+7=	(92) 6+1=
(18) 5+7=	(43) 1+6=	(68) 5+1=	(93) 1+5=
(19) 6+7=	(44) 3+9=	(69) 9+0=	(94) 5+3=
(20) 4+2=	(45) 9+5=	(70) 0+2=	(95) 6+6=
(21) 7+6=	(46) 8+1=	(71) 7+5=	(96) 5+2=
(22) 7+3=	(47) 8+3=	(72) 9+1=	(97) 0+1=
(23) 0+9=	(48) 7+9=	(73) 9+9=	(98) 2+5=
(24) 3+8=	(49) 1+7=	(74) 4+6=	(99) 7+8=
(25) 2+8=	(50) 6+0=	(75) 4+4=	(100) 3+5=

ひきざんテスト　名まえ　　　　てん

(1) 8−5=	(26) 6−6=	(51) 12−7=	(76) 10−3=
(2) 13−8=	(27) 8−8=	(52) 6−3=	(77) 8−7=
(3) 17−8=	(28) 11−5=	(53) 13−7=	(78) 18−9=
(4) 10−9=	(29) 10−4=	(54) 17−9=	(79) 6−0=
(5) 12−3=	(30) 5−5=	(55) 16−8=	(80) 14−6=
(6) 8−1=	(31) 10−1=	(56) 14−7=	(81) 15−6=
(7) 1−0=	(32) 2−2=	(57) 3−0=	(82) 9−4=
(8) 8−0=	(33) 12−5=	(58) 9−6=	(83) 11−9=
(9) 15−7=	(34) 10−8=	(59) 0−0=	(84) 5−1=
(10) 9−2=	(35) 7−5=	(60) 9−8=	(85) 11−4=
(11) 9−7=	(36) 7−3=	(61) 4−4=	(86) 5−3=
(12) 13−5=	(37) 8−2=	(62) 12−8=	(87) 3−3=
(13) 6−4=	(38) 9−1=	(63) 7−0=	(88) 3−2=
(14) 6−2=	(39) 10−5=	(64) 4−1=	(89) 7−2=
(15) 16−7=	(40) 14−5=	(65) 11−2=	(90) 14−8=
(16) 11−7=	(41) 11−3=	(66) 9−3=	(91) 9−9=
(17) 13−9=	(42) 16−9=	(67) 6−1=	(92) 15−8=
(18) 14−9=	(43) 2−1=	(68) 11−8=	(93) 1−1=
(19) 12−4=	(44) 4−2=	(69) 9−0=	(94) 7−4=
(20) 13−6=	(45) 3−1=	(70) 5−2=	(95) 4−0=
(21) 5−0=	(46) 9−5=	(71) 4−3=	(96) 11−6=
(22) 8−3=	(47) 7−1=	(72) 8−6=	(97) 15−9=
(23) 10−7=	(48) 12−6=	(73) 10−6=	(98) 5−4=
(24) 7−7=	(49) 13−4=	(74) 8−4=	(99) 7−6=
(25) 2−0=	(50) 6−5=	(75) 10−2=	(100) 12−9=

（実物大プリントは巻末に掲載）

◎計算力調査の実施といかし方

◎こんな解答には注意

- くり上がりのあるたし算はまちがいが多い
- くり下がりのあるひき算はまちがいが多い
- 途中からまちがいが多い→集中力不足
- とび石状態の解答→簡単な問題から解いてしまう
→時間がかかる、まちがいが多い

まちがいが多い子・計算が遅い子の指導

たし算・ひき算のまちがいが多い子や遅い子を実態調査で把握したら、速く正確に計算できるように練習させ、全体の底上げをします。そのなかで計算力の弱い子を引き上げていきます。

すすめ方

全体練習と個別練習

○くり上がり、くり下がりの計算練習

算数の授業開始10分を計算練習にあてます。学級の実態に合わせた回数で、はじめのうちは「10」の合成分解の練習をします。「3と7で10」「4と6で10」「10は2と8」…、などのフラッシュカードを使って練習します。その後、同様にフラッシュカードを使ってたし算、ひき算の順で練習します。

たし算ではくり上がり、ひき算ではくり下がりでつまずいている場合が多いものです。くり上がり、くり下がりだけのプリントを用意します（例、右ページ）。必ず答え合わせをし、まちがい直しもさせます。

誤答が多い子には、放課後の時間を使って担任といっしょに練習させたり、保護者に連絡をとって家庭で練習させたりして、確実に1年生のたし算・ひき算ができるようしていきます。

○たし算・ひき算カードで個別練習をさせる

やり方は1年で使った計算カードを使って、まちがった計算のカードだけを別のリングに綴じ、そのカードを何度も練習させます。

あき時間には、教師の前で、カードを使って計算の答えを言わせます。合格したカードは別のリングに入れていきます。

ポイント・工夫

個人別に誤答を記録する

ひき算は誤答が多いので、どの問題ができていないかを、個人別に記録するとよいでしょう。くり下がりのあるひき算でつまずくことがほとんどだからです。記録した苦手な問題を徹底して練習させて、できるようにしていきます。

まとめや次への見通し

①2学期に九九の練習が始まるまでに、どの子もたし算・ひき算を確実にできるようにしておきましょう。参考に次項に計画表を載せています。

◎くり上がり、くり下がりにしぼったプリント練習

たしざん
(くり上がりあり)　　名まえ

▶くり上がりの　ある　たしざんは、45だいです。けいさんを　しましょう。

① 1+9=	⑯ 5+6=	㉛ 6+9=
② 2+8=	⑰ 6+5=	㉜ 7+8=
③ 3+7=	⑱ 7+4=	㉝ 8+7=
④ 4+6=	⑲ 8+3=	㉞ 9+6=
⑤ 5+5=	⑳ 9+2=	㉟ 4+9=
⑥ 6+4=	㉑ 7+9=	㊱ 5+8=
⑦ 7+3=	㉒ 8+8=	㊲ 6+7=
⑧ 8+2=	㉓ 9+7=	㊳ 7+6=
⑨ 9+1=	㉔ 3+9=	㊴ 8+5=
⑩ 8+9=	㉕ 4+8=	㊵ 9+4=
⑪ 9+8=	㉖ 5+7=	㊶ 5+9=
⑫ 9+9=	㉗ 6+6=	㊷ 6+8=
⑬ 2+9=	㉘ 7+5=	㊸ 7+7=
⑭ 3+8=	㉙ 8+4=	㊹ 8+6=
⑮ 4+7=	㉚ 9+3=	㊺ 9+5=

ひきざん
(くり下がりあり)　　名まえ

▶くり下がりの　ある　ひきざん　45だいです。けいさんを　しましょう。

① 10−1=	⑯ 11−8=	㉛ 14−5=
② 10−2=	⑰ 11−9=	㉜ 14−6=
③ 10−3=	⑱ 12−3=	㉝ 14−7=
④ 10−4=	⑲ 12−4=	㉞ 14−8=
⑤ 10−5=	⑳ 12−5=	㉟ 14−9=
⑥ 10−6=	㉑ 12−6=	㊱ 15−6=
⑦ 10−7=	㉒ 12−7=	㊲ 15−7=
⑧ 10−8=	㉓ 12−8=	㊳ 15−8=
⑨ 10−9=	㉔ 12−9=	㊴ 15−9=
⑩ 11−2=	㉕ 13−4=	㊵ 16−7=
⑪ 11−3=	㉖ 13−5=	㊶ 16−8=
⑫ 11−4=	㉗ 13−6=	㊷ 16−9=
⑬ 11−5=	㉘ 13−7=	㊸ 17−8=
⑭ 11−6=	㉙ 13−8=	㊹ 17−9=
⑮ 11−7=	㉚ 13−9=	㊺ 18−9=

(実物大プリントは巻末に掲載)

◎全体学習　フラッシュカード

10の合成分解 ――――→ たし算・ひき算

7
7といくつで10
10は7といくつ
13−8
6+8

◎個別学習　計算カードを使って

苦手な計算だけ別にといて練習 ――――→ 合格したカードを別にする

15
13
7+8
6+7
合格
合格したカード
7+8

100マス計算の心得

100マス計算は万能薬ではありません。使い方をまちがえると、かえって計算嫌いになります。100マス計算指導の心得を教師が身につけ、すべての子どもたちが伸びを実感でき、喜び合える100マス計算の実践を実現させます。

すすめ方

100マス計算は万能薬ではない

○習熟期に役立つ教材としてとりくむ

100マス計算は、どの子も横式のたし算、ひき算がゆっくりとしたスピードでもできるようになった後に使う教材です。理解の段階で使うものではありません。計算のより高い習熟をはかるために役にたつ教材です。ねらいに合った使い方をしましょう。

100マス計算プリントには、０～９の組み合わせのたし算・ひき算がそれぞれ100問入っています。作るのがとても簡便で、タイムや正答数をはかるのも容易なので、評価が明確です。

○ 100マス計算は、努力と成果が正比例する

「やったあ。速くなった」。100マス計算は、努力と成果が正比例する教材です。どの子にも、自分が努力すれば伸びるんだという確信を与えます。100マス計算は、ただ「計算力をつける手立て」というだけでなく、「子どもたちの学習意欲、自己肯定感、集中力、自己抑制力」をも高められるのです。タイムをはかるときの合言葉は、「前の自分の記録に勝とう」「ライバルは昨日の自分」です。

ポイント・工夫

励まし、認める

計算の苦手な子には、100マス計算を始めれば、教師が机のそばに寄り添います。教師がそばにいるだけで集中力が出るからです。縦軸と横軸を指で示して、どういう問題なのかをサポートします。そうすると安心してやりだします。

まとめや次への見通し

①マス計算は４月からとりくみますが、４月の間は100マス計算の助走時です。その100マス計算への準備については次項でくわしく述べます。

100マス計算使い方10か条

1　100マス計算をなぜするのか。どう役に立つのかを、学年に合わせて納得させる
2　ゆっくりなら計算が正確にできるようにしてから始める
3　最初は、無理のない量とタイムで
4　続けて練習する（継続は力なり）
5　タイムをはかり、記録して伸びを確認させる
6　ほめる、励ましの声をかける
7　答え合わせをする
8　速くできた子への配慮
9　読めない字にはバツをつける
10　目標を達成したらやめる

●計算指導計画表　4・5・6・7月（案ですので、クラスの実態に合わせて作ってください）

<table>
<tr><th>月　週</th><th></th><th></th></tr>
<tr><td>4月　1週</td><td>計算力調査</td><td>計算のつまずきを発見します</td></tr>
<tr><td>2週</td><td>たし算（くり上がりの練習）</td><td rowspan="2">横算のプリント、カードを使います</td></tr>
<tr><td>3週</td><td>たし算（くり上がりの練習）</td></tr>
<tr><td>4週</td><td>マス計算たし算</td><td>マス数の少ないものから始めます</td></tr>
<tr><td>5月　1週</td><td>100マス計算たし算</td><td rowspan="4">この週から100問にします
学校で100題　宿題で100題
1日に200題ずつした計画です</td></tr>
<tr><td>2週</td><td>1000題</td></tr>
<tr><td>3週</td><td>2000題（累計）</td></tr>
<tr><td>4週</td><td>3000題（累計）</td></tr>
<tr><td>6月　1週</td><td>ひき算（くり下がりの練習）</td><td rowspan="2">横算のプリント、カードを使います</td></tr>
<tr><td>2週</td><td>ひき算（くり下がりの練習）</td></tr>
<tr><td>3週</td><td>マス計算ひき算</td><td>マス数の少ないものから始めます</td></tr>
<tr><td>4週</td><td>100マス計算ひき算</td><td rowspan="4">この週から100問にします
学校で100題　宿題で100題
1日に200題ずつした計画です</td></tr>
<tr><td>7月　1週</td><td>1000題</td></tr>
<tr><td>2週</td><td>2000題（累計）</td></tr>
<tr><td>3週</td><td>3000題（累計）</td></tr>
</table>

マス計算を導入する

4月の間は100マス計算への助走です。少ないマスを使い、マス計算に慣れさせ、抵抗感がある子が安心してできるようにします。ここでは計算の速さより、正確さを一番に考えます。

すすめ方

マス計算のやり方

○初回はみんなで唱えながらする

本書38ページの練習で計算力が向上してきたら始めます。授業開始の10分間でします。右ページ上の例題を使って説明しながら進めます。たし算の印が左上（右上）にあるので、まず「4＋3」。二つの数字が交わったところに答えを書きます。左から右へ横に順番にやっていきます。次は「2＋3＝5」「7＋3＝10」。このようにみんなで計算を唱えながら、答えを書き込みます。1題1題ゆっくりとします。

○宿題と合わせて毎日計算練習をする

いきなり100マスはさせません。10マス、20マス、30マス、50マスと少しずつ問題数を増やしていきます。

終われば、必ず答え合わせをします。このときはタイムを無理にはかりません。宿題でも1回マス計算をします。

ちなみに4月の計算練習の内容は、横算の50問プリントを4日間。次に、20マス計算を4日間。40マスます計算を4日間という具合に、クラスの子どもたちの伸びに合わせて、練習問題の量と質を変えていきます。（41ページ計画例参照。）

ポイント・工夫

はじめは全問正解をめざす

やり方を少し教えただけで、もうわかっただろうと、すぐにタイムをはかることはしません。遅れがちの子にとっては、大きなプレッシャーになります。これならできそうだという思いをどの子ももてるように、ゆっくりと進めます。

まとめや次への見通し

①この時期に1年生の計算のおさらいと習熟を、マス計算の練習をかねて行います。

はじめてのマス計算、みんなで楽しくとりくもう

★例題　みんなで唱えながらゆっくりと進めましょう

+	4	2	7	8	0	5	9	1	6	3	+
3											3

4+3　2+3　7+3　8+3　0+3　5+3　9+3　1+3　6+3　3+3

①答えを唱える　　②頭のなかで答えを言う

• 10マス例

+	6	3	4	5	8	0	7	1	2	9	+
2											2

月　日

びょう

• 20マス例

+	5	4	3	6	0	8	1	7	2	9	+
6											6
8											8

月　日

びょう

• 40マス例

+	4	8	1	5	2	7	0	9	3	6	+
5											5
9											9
7											7
4											4

月　日

びょう

学級開き◎教師の願いと思いを伝える

4月に、教師がクラスの子どもたちに、自分の教育への思いや考えを宣言する必要があります。こんな子どもに育ってほしい、こんな学級にしたいという願いを話し、学級通信にも載せます。

すすめ方

教師の「願いと思い」を伝える

○教師の「三つの宣言」

学級開きのとき、教師の自己紹介の後に担任が大切にすることを話をします。大切という言葉ではなく、「友だちをいじめたとき、命にかかわることをしたとき、やればできるのにさぼったとき」のように、「これをしたら先生は怒る」でもいいでしょう。私の場合は、右ページにある三つを願いとして話します。

①友だちを大切に／②言葉を大切に／③自分を大切に

学級通信に載せたり、子どもに話したり、学級懇談会で保護者に説明したりします。

教師には、子どもたちやクラスにたくさんの願いをもちますが、あまり多くを言っても守れません。これだけは守ってほしい、という願いを三つ出します。三つだと２年生でも覚えることができます。

○評価の基準に

三つが守れないときには、注意をすることも宣言します。子どもには、注意するとき三つのうちのどの点が守れなかったかを問いかけます。クラス全体に指導したときにも問いかけます。そのことで子どもたちが「三つの宣言」を意識することをねらっています。

ポイント・工夫

成長をほめる

三つに関わることができるようになってきたり、子どもに中での良い姿が見えたときにはほめます。「○○さんが、友だちにこんな言葉をつかっていたよ。とてもすてきでした」と成長した面をほめて、クラス全体に広げていきます。

まとめや次への見通し

①個人、クラスで三つに関わって成長した点をほめていきます。そのことが学級づくりにつながります。

学級通信で家庭にも伝えたい

「大切にしてほしいこと」、先生とのやくそく!!

子どもたちに、「深沢先生が２年１組の子に大切にしてほしいこと」を話(はな)しました。

1　友だちを大切（たいせつ）にしよう

えんがあって、33人の仲間（なかま）が１年間２年１組ですごすことになりました。その仲間をいじめたり、ばかにしたり、たたいたり、けったり、いじわるをしたりということがないようにしてほしいと思（おも）います。それをする子は、先生はゆるしません。

2　言葉（ことば）を大切にしよう

「先生、これどうするん！」というしりきれとんぼのいい方でなく「先生、これどうするんですか？」というように、ていねいな言葉使いをしてほしいなと思っています。「ばか、しね、むこうへいけ」とか、らんぼうな言葉（ちくちく言葉）も使ってほしくありません。「ありがとう、どうぞ、すみません、ごめんね」など、（ふわふわ言葉）がたくさん、聞（き）こえるクラスになってほしいなと思います。人間（にんげん）は言葉でおたがいに自分のきもちをつたえます。言葉を大切にする子になってほしいです。

3　自分を大切にしよう

一人ひとりのもっているすばらしい力がでるためには、自分（じぶん）の力をのばしていこうとすることが、だいじだと先生は思います。「まちがっていたら、わらわれるから、手をあげるのは、いやだなと、はっぴょうをしない子が、このクラスからいなくなることをねがっています。」やるまえから、「むりや、わからん、できない」とあきらめてほしくないなと思います。まちがいや、できないこと、しっぱいをおそれない子になってほしいと思います。たくさんのまちがい、しっぱいをすることで、力がのびていきます。それは、自分を大切にするということです。

クラスのめあてをつくる

２年生になったばかりの子どもたちは、まだ自己中心的な傾向があります。友だちのことを考えたり、学級全体のことを考えたりできるように、クラスのめあて、毎日のめあてをつくります。

すすめ方

子どもと一緒にめあてをつくる

○クラスのめあて

一人ひとりの子どもが毎日の生活で“立ち向かって”いくようなめあてにすることが大切です。そのために、「これまで、嫌だったり、困ったことはなんですか」「どんな子になりたいと思いますか」という個人にかかわることを問い、おおいに発表させます。その発表を吸収するようにして「自分たちがつくっためあて」という意識づけをしながら、教師の願い・指導計画と合わせて「学級のめあて」にします。

○日々のめあて

クラスのめあてが決まったら、それに向かって今日１日がんばることを、その日のめあてとして朝の会のときに子どもたちに決めさせます。ポイントは、子どもががんばろうということと、教師がクラスの課題だと感じているところが合うようにしていくことです。日々のめあては、具体的な行動を伴うものにします。「ろうかに並ぶときは、しゃべらず２分で並ぶ」「休み時間は５分前に遊びをやめて教室にもどる」のような、できたかできなかったかがはっきりとするめあてをつくり、できたかどうかを帰りの会で評価します。

ポイント・工夫

がんばりが目に見えるように

日々のめあては、「クラス30人中27人ができたら合格！」のように少し余裕をもたせます。シールを貼ったり、できたことを短冊に書いたり、ビー玉を箱に入れるなど可視化し、めあて達成を記録する場をつくっておきます。

まとめや次への見通し

①クラスのめあては１年間掲げます。
②日々のめあてを決め、一つ一つ達成感を味わわせることで、個々の力を育て、学級全体の力を育てます。

◎子どもたちの発表・意見を引き出す

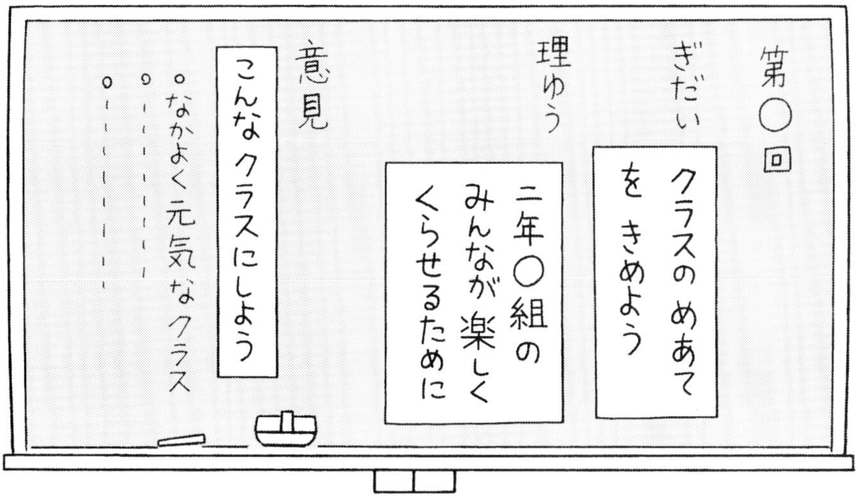
第○回
ぎだい
クラスのめあてをきめよう
理ゆう
二年○組のみんなが楽しくくらせるために
意見
こんなクラスにしよう
◦なかよく元気なクラス

◎日々のめあて、達成感が力になる

★朝の会で具体的なめあて
帰りの会で評価

帰りの会
今日のめあて
◦ろうかにならぶ
時しゃべらず
二分でならぶ
今日のめあてはできましたか？
27人手があがっていますね
うーん
はーい
はーい
はーい
えへっ
今日のめあては合格です！

学習のルールを集中して指導する

イキイキのびのび、子どもたちが存分に力を発揮できる学級にしたいという思いは、教師であれば誰でももつでしょう。それを具体化する一つの方法が学習規律です。学級開きの日からとりくみましょう。

すすめ方

授業の中の二つの約束

①授業中は話し手の目を見て聞く

人の目を見て話を聞けない子が増えています。目がきょろきょろして、心ここにあらずという感じです。とにかくよくよそ見をします。よそ見をしていると、見ているものについ気をとられて、話の途中が聞けなくなります。そうすると内容理解がいい加減になります。

話は相手の目を見ながら、ときにはあいづちをうちながら聞くのが理想です。

②話の途中にことばをはさまない

２年生くらいになると教師の話や友だちの発言の途中に「知ってる」「ぼく、行ったことある」などと、つい言葉をはさみたがります。口をはさんだ子はいいかもしれませんが、ほとんどの場合、他の子は話の続きを聞きたいのです。口をはさむことで、流れが途切れ、話し手も他の聞き手も気分がよくありません。人の話を聞いて何かを感じたら、うなずくなどの表現ができてればいいと思います。

ポイント・工夫

学年始めの１週間が勝負

「先生が話をしているときに、先生と目が合わない子がいたら、話を止めます」と宣言して、子どもが集中ができるようにします。「先生や他の子が話しているときには、口をはさみません。どうしても言いたいことがあるときは手を挙げなさい」と言います。

まとめや次への見通し

①この「二つの約束」の定着が５月への大事な基礎になります。
②聞く力は１年間かけて継続的に高めていくことが肝要です。

教室が静かになってから話を始める

①教師の話すルール　いろいろ!!

• 声をかける

はい、話します

口を閉じて教師の方を向く

• 声を出さず口に人差し指を持っていく

静かにする

• ほめる

集中!!
集中まで○秒でできました
すごい!!

②こんなふうに指導　声かけの例

「次は○秒で静かにできるかな」
「●●くん、しっかり先生の方を向いてるね、ありがとう」
「○○さん、いい姿勢です」

ピッ

持ち物の約束をする

必要な学用品は指定し、不必要なものを持ってこないようにさせます。最初にルールを決めておかないと、子どもは勝手に判断し、学習に必要でないものを持ってきます。持ち物の乱れが、他のルールの乱れにつながります。

すすめ方

持ち物を指定する

○クラスで時間をとって一斉に話をする

文房具は日々いろいろなものが発売されます。においのついた消しゴム、おもちゃのような鉛筆など、子どもたちの遊び心をくすぐりますが、学習活動にはじゃまにさえなります。

持ち物については学校の指定のものを用意することを、時間をとって全員に話します。個別に聞きにくる子に答えていると徹底しません。

○筆箱の中身

２年生には、Ｂか２Ｂの先をけずった鉛筆を持ってこさせます。赤鉛筆２本（芯を折ってしまう場合があるので）、ミニ定規、よく消える普通の消しゴム。

○華美にならない

下じきはキャラクターがついてない無地のもの。筆箱も華美にならないように。

○ノート類

できれば学年で統一します。各教科の授業開きのときに点検をします。

ポイント・工夫

保護者の理解も必要

できれば学年でそろえて、学年始めに持ち物についてのプリントを配布して、保護者にも理解を求めた方がいいでしょう。持ち物について学校と家庭が同じスタンスで向かうことで、子どもの安定にもつながります。

まとめや次への見通し

①最初の１週間で持ち物がそろっているかチェックします。
②５月になるとルールを守らない子が出てくるので、気をつけます。

持ち物については時間をとって一斉に指導

★学級開きから 2、3 日のうちに指導すると効果的です

持ち物が
きちんと
そろっていますか?
先生が一人ずつ
見ていきます
下じき
筆箱

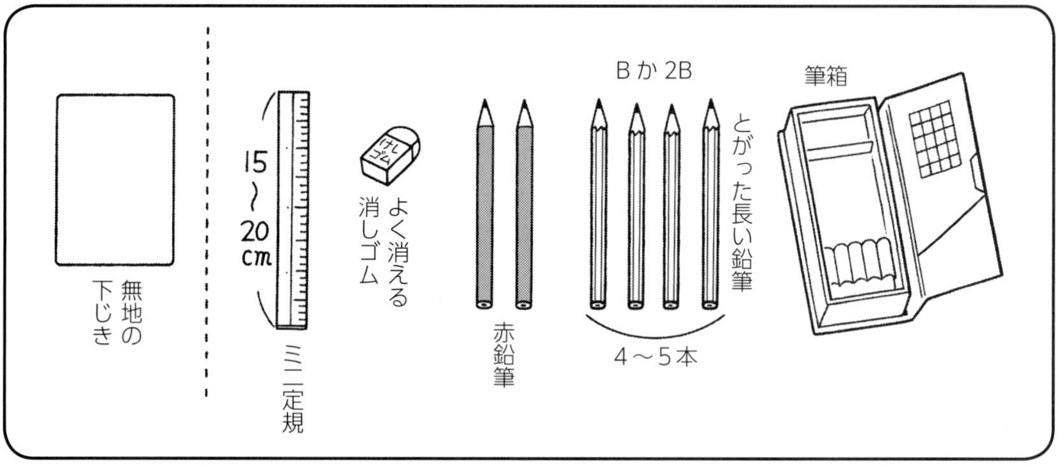
無地の
下じき
15
~
20
cm
ミニ定規
よく消える
消しゴム
赤鉛筆
B か 2B
とがった長い鉛筆
4～5 本
筆箱

正しい姿勢を指導する

姿勢を正しくして聞き続ける子は総じて、学習能力が高いです。姿勢がすぐにくずれる子は集中力、持続力がたりません。姿勢をきちんと保持できるように指導して学習能力を高めましょう。

すすめ方
学級開きの日の一斉指導から

○姿勢と学習意欲の相関関係

教育学者の斎藤孝氏は、「すわり続ける力は生涯にわたる武器になる」と言われます。姿勢がくずれている子で学習ができる子はいません。学習への意欲がなくなってくると姿勢がくずれます。正しい姿勢を身につけ、継続できるようになると学習への意欲も出てくることは全国の教師が実感していることでしょう。

○グー・チョキ・パーの姿勢

「グー」の握りこぶしで体から机、体から椅子の背までの距離を測ります。背筋をまっすぐにして椅子にすわり、左右の手でおへその前と背中に「グー」をつくってください。

次は「チョキ」です。これで机の高さと体の傾きがないかを確認します。右図のように、中指と人差し指で２本のハサミをつくって、ひじを直角に曲げます。

最後は「パー」です。机上のノートから鼻の先までを指を伸ばして連結させます。ノートの先に左小指先・左親指先・右小指先・右親指先、鼻で、手のひらいっぱいに伸ばして連結するとよい姿勢がつくれます。

ポイント・工夫
机の高さを合わせる

姿勢よくすわることを指導するためには、子どもに合った机を用意しないといけません。学年始めには、右上の「パー」をノートから鼻で連結して確認させ、合っていなければ交換します。

まとめや次への見通し

①１学期間かけて根気強く指導し、正しい姿勢を身につけさせます。
②「読む」ときの姿勢は11ページ、「書く」ときの姿勢は21ページを参照。

◎グー・チョキ・パーの姿勢

グー
80〜100°

グー　椅子の高さとすわり方

机と椅子にすわった人の間は、げんこつ一つ
膝の角度は 80 から 100 度。自然な感じで足を床に着ける

チョキ　机の高さ

チョキで机をつかんだときに、肘が75〜85度くらいに曲がっているくらいの高さ

チョキ
75〜85°

パー

パー　よい姿勢

パーで両手の親指と小指をつないで、
机と鼻先にあてた高さ

◎教師の根気強さがかぎ！

- 学級開きに一斉に指導…机の高さを調整する
- たびたび指導…授業中姿勢が乱れてきたなと思ったら

★ほめて背すじを伸ばす

姿勢はよいですか？
○○さん いいですよ！
△△くん とてもよくなりました

★子どもの腰骨を軽く押して
姿勢をよくする

あいさつを指導する

あいさつは、人をつなぐ基本です。あいさつのできる子は、友だちから親しまれ、遊びも勉強もしっかりとできる子に育ちます。あいさつを日常的にできるようにしていきます。

すすめ方

にこにこあいさつ

○あいさつとは

あいさつは、人と人が親しみをもっているという合図です。「こんにちは」「はじまして」が言えなければ、人との会話もうまれません。あいさつは、敵意や悪意がないことを言葉と表情で知らせる手段でもあります。

あいさつの意味は「挨は押す。拶は迫るという意で、本来禅家で門下の僧に押し問答して、その悟りの深浅を試すこと」です。

○にこにこ、はきはき

あいさつは、１日のなかでたくさん使います。朝だけではありません。朝の会、帰りの会、給食、始業、終業の号令と多種多様です。

「おはようございます」や「ごちそうさま」と言っておじぎをし、その後、頭をあげて背すじを伸ばします。担任は全員の子どもと目を合わせるようにします。姿勢は正しく、最後まで気持ちのよいあいさつをしたいものです。

ポイント・工夫

あいさつで子ども観察する

あいさつは、子どもの感情がストレートにでます。明るく元気なあいさつを交わすことができる子は情緒が安定しています。でもいつも安定しているわけではありません。「あれっ？今日のあいさつはいつもとちがうな。何かあったのかな」とあいさつを通して子どもを観察する目も、教師はもちたいものです。

まとめや次への見通し

①にこにこと元気なあいさつができるように、時間をかけてくり返し指導します。
②あいさつを通して、子ども観察をしていきます。

学級づくり

大切なことは教師の笑顔と継続

①あいさつの基本４場面

朝、校門で

おはようございます
おはようございます

教室に入るとき、入り口で

おはよ

教室を出る時、帰るとき

さようなら
さようなら

ろう下で来客の方へ

こんにちは
こんにちは

②こんな場合の指導

小さい声でおはよう

おはよ…
おはよう
あいさつきこえたよ

小さい変化を
ほめる、みとめる

あいさつをしない

おはよう

教師が明るい笑顔で
あいさつをし続ける

★あいさつから子どもの変化を読みとろう

そうじの仕方を指導する

２年生の始めのころは、ほうきで掃いたり、ぞうきんをしぼったりするのが、まだうまくできない子もいます。そうじの仕方を一つずつ教えていくことが必要です。

すすめ方
そうじの仕方を教える

○道具の使い方を練習

学級活動の時間を使って、みんなで練習をします。じょうずな子のやり方を見せたり、友だち同士で練習し合ったりします。子どものなかには、ほうきをただ振り回すだけの子がいます。ごみが舞い上がらないようにそっと掃き、ごみを集めるようにするよう説明します。

ぞうきんは、きつくしぼります。水がボタボタおちているぞうきんを使う子がいます。しぼり方も教師が手本を見せてやるといいでしょう。

○掃き方と掃く順番

教室をどう掃くかも指示します。最初は、教師が先頭になって、ほうきを使う子が教師のあとについて一列で掃かせます。「そうじ列車」と呼んでいます。教室の端まで行くと方向を変えます。ごみをどこに集めるのかも決めます。「ごみ駅」と名前をつけました。

４月は、そうじをする場所や自分がどの道具を使うかを確認させます。使う道具がわからないのはトラブルのもとです。

ポイント・工夫
がまん玉、みつけ玉、しんせつ玉

自問清掃という考え方があります。心みがきがめあてです。心のなかの玉をみがきます。だまったそうじをし続ける「がまん玉」。ごみが他にないかを見つける「みつけ玉」。友だちの気持ちを考えた心くばりをする「しんせつ玉」。そうじをする心構えや意味が２年生にわかりやすく説明できます。

まとめや次への見通し

①１年間を通してそうじをする意味を伝えます。そして道具の使い方、そうじの仕方を実際にさせながら教えていきます。

学級活動の時間を使ってそうじの練習をしよう

①掃き方の指導

そうじ列車！

②ぞうきんのしぼり方の指導

わしづかみ ×　→　バットつかみ（竹刀の持ち方）○

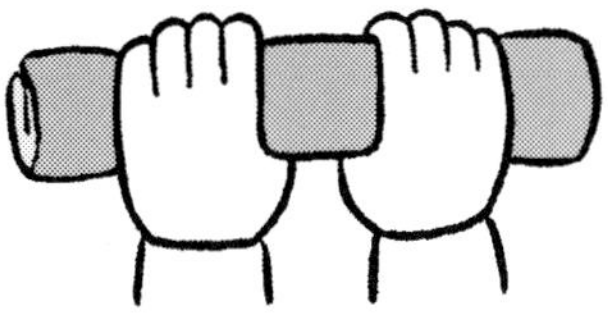

子どもがよくする
ぞうきんのしぼり方

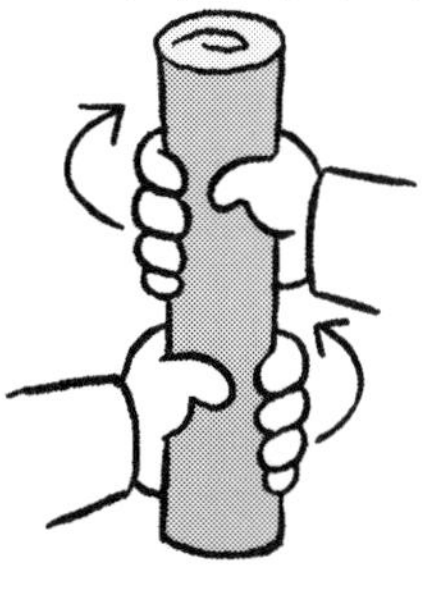

①ぞうきんを半分におる
②たて方向にもう１回
　半分におる
③バット（竹刀）を持つ
　要領で両わきをしめて
　かたくしぼる

③道具の整理の仕方の指導

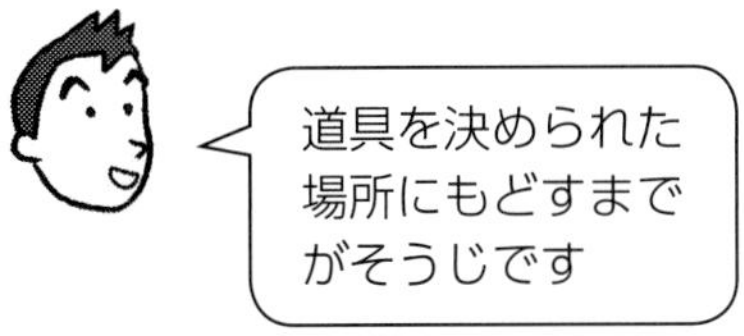
道具を決められた
場所にもどすまで
がそうじです

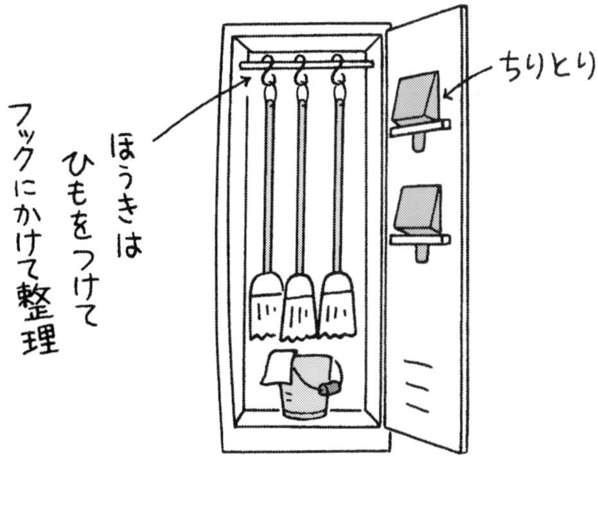
ほうきは
ひもをつけて
フックにかけて整理
ちりとり

宿題を出す

宿題についてはさまざまな考えがありますが、基礎的な読み書き計算の力をつけるためには、学校で学習したことを、家庭学習として練習することが大事だと考えています。

すすめ方

3点セット（音読・漢字・計算）をパターン化する

宿題の内容は、国語教科書を中心とした音読、学校で練習した新出漢字や前学年の漢字、たし算、ひき算、かけ算（2学期）の基礎的な計算練習、これら三つです。

○宿題を出すための5つの注意事項

①いきなりたくさん出さずに、学校でやり方を指導します。ある程度のスピードでできることを確かめてから宿題にします。

②音読は、教材文を子どもの力に合わせた量を与えます。場面ごとにくぎることも必要です。

③計算は、どの子もやり方がわかったのを確かめてから出します。理解が不十分なままで出すと、意欲が減退します。

④ノートの使い方を指導します。漢字・計算が書きやすく、解きやすいように書かせます。学校で点検もします。(漢字のノートは79ページ、計算は右ページ上)

⑤30分程度でできる内容にします。

ポイント・工夫

力がついているのが実感できる内容を

読み書き計算という内容をパターン化します。宿題の種類が毎日変わると混乱します。少しずつ速くなった、力がついてきたと実感できる内容にします。毎日の継続で学力を積み上げていくことの大切さを教えていきます。

まとめや次への見通し

①宿題の点検について、４月は全員毎日点検しますが、やり方が定着してきたら、グループごとに曜日を決めるなどしてします。

②点検ではていねいな字で書かれているかを第一に見ます。

◎宿題ノートの書き方

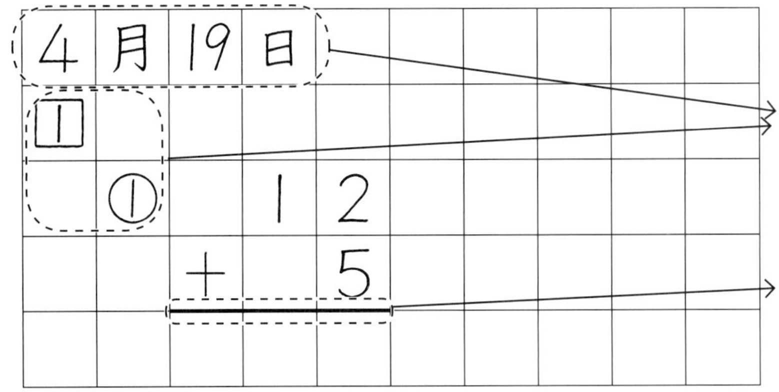

4月19日
1
① 12
＋ 5

- 算数は方眼ノートがいいでしょう（10mm）
- 日付・問題番号を書かせます
- 定規をつかって線をひかせます

◎宿題の点検の仕方

①朝登校したら宿題ノートをすぐ出す

宿題 3点セット
箱を3つ用意

②箱に入れたら自分でチェック

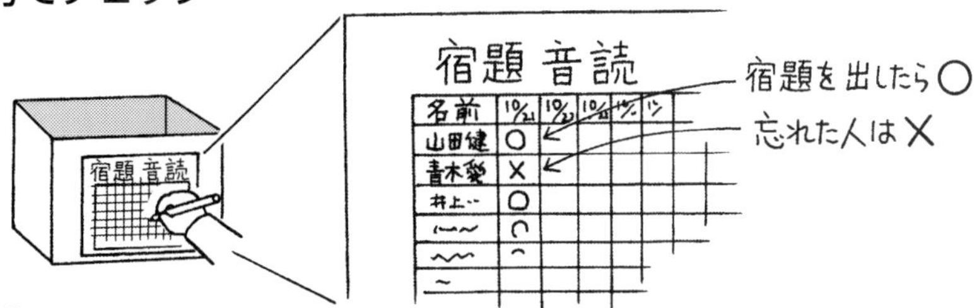

宿題 音読
名前
山田健
宿題を出したら○
忘れた人は×

③忘れた子への指導をする

朝・休み時間・放課後にする

↓

提出

↓

宿題表の印を訂正
× ─→ ⊗

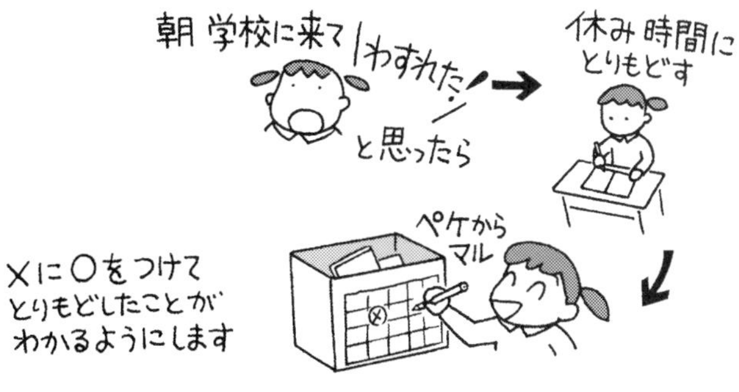

朝 学校に来て
わすれた！
と思ったら
休み時間にとりもどす
ペケからマル
×に○をつけてとりもどしたことがわかるようにします

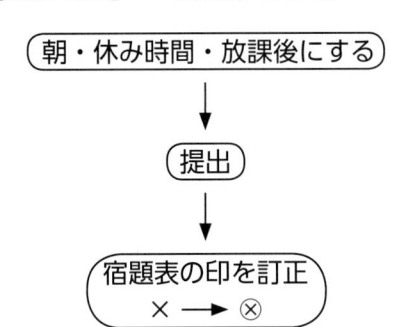

当番活動の指導を始める

実務性の強い仕事を全員で分担するのが「当番活動」です。学級のみんなが勉強や生活をしやすいように、毎日の仕事を決めます。一人ひとりが決められた仕事を、１日のうちに１回は必ず責任を持ってできるシステムをつくります。

すすめ方

一人一役のシステムづくり

２年生でもできる内容を全員に振り分けます。自分がいないと学級が困るという仕事を分担します。まじめな子や気がよくつく子だけがする仕事ではありません。

○やり方を説明する

黒板当番１時間目～６時間目、窓当番、電気当番、落とし物当番などクラスの人数分の係を用意して、黒板に書きます。教師は当番の役割を説明しながら、子どもに希望のところに名前を書かせます。希望が重なったらジャンケンで決めることにします。

○チェックできるものを用意する

一人一役の当番が決まったら、仕事をしたかどうかわかる表を作ります。自分の仕事が終わったら、札を裏返して、したのかまだできていないのかが、はっきりとわかるようにしておきます（右ページ参照）。

○当番活動の発表を帰りの会でする

たとえば、落とし物当番では、落とし物入れ箱を用意させ、落とし物がたまったら、帰りの会で発表をさせます。他の当番も連絡したいことを積極的に発表させるようにします。

ポイント・工夫

子どもに工夫をさせる

当番をただするだけでなく、いろいろな工夫をさせます。落とし物当番では、ポスターを作って、「落とし物は、箱の中に入れてください」などの活動をさせます。ただ、仕事をするだけでなく工夫をさせることで意欲的になります。

まとめや次への見通し

①当番活動がきちんとできているか、どうしてできないかを把握して、できていない子をサポートします。
②子どもの動きを見て、１学期の途中でも当番替えをします。

一人ひとりに１日１回は出番があるように

例：２年１組　当番

黒板　５名
まどあけ（教室）
まどあけ（ろうか）
まどしめ（教室）
まどしめ（ろうか）
宿題　音読
宿題　漢字
宿題　計算
よびかけ（集会のとき運動場へ出るよう声をかける）
タイム（給食当番がろうかに並ぶ時間をはかる）
ラーフル（黒板けしのそうじ）
鉛筆（鉛筆削りのゴミをすてる）
ごみばこ（大）
ごみばこ（小）
落としもの
ストロー
ひづけ
日直のふだ
本せいり　２名
給食袋せいり
牛乳チェック
花の水やり
すいとう

チェック表１

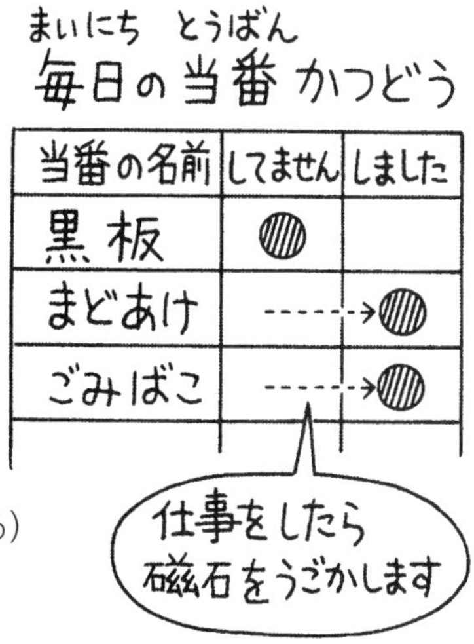
毎日《まいにち》の当番《とうばん》かつどう
当番の名前
してません
しました
黒板
まどあけ
ごみばこ
仕事をしたら磁石をうごかします

チェック表２

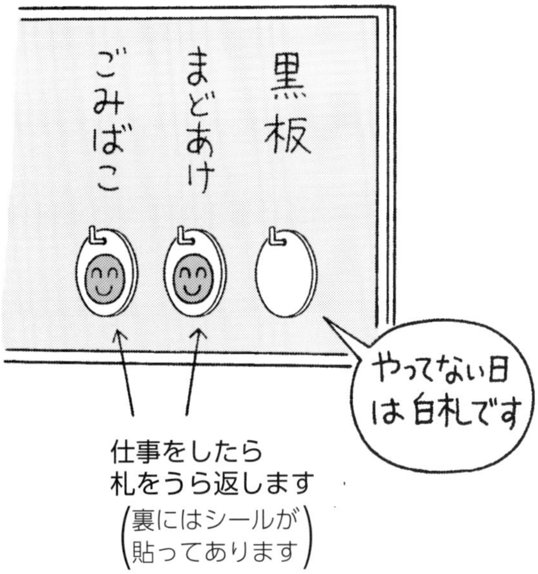
黒板
まどあけ
ごみばこ
やってない日は白札です
仕事をしたら札をうら返します
（裏にはシールが貼ってあります）

係活動の指導を始める

係活動は一定期間、専門的に分担してとりくむ活動です。当番は一人が責任をもってする仕事ですが、係は友だち数人と協力し合って、学級のためになる仕事を子どもたちの創意工夫をいかしてとりくみます。

すすめ方

より自主的な活動を経験させる

○子どもといっしょに係活動を考える

係活動は子どもの自発的・自治的活動です。まず１年生のときの係を思い出させて、どんな係をつくるのかを気づかせていきます。

○活動内容を広げる

当番活動とくらべて係活動は、自主的に考えて活動できる範囲が広がります。図書係を例にとりましょう。

学級文庫が乱れていたら当番の整理当番がやります。図書係は、図書室に行くときろうかに並ばせ、図書室では図書カードを使っての本の貸し出しの仕事をします。最初は教師がついて教えないといけません。貸し出しカードに印を押したり、全員が本を借りているかの確認もします。

図書係が決まったらリーダーを決めます。リーダーを中心に係の仕事を画用紙に書き出します。印を押す順番を決めたり、本の返却を忘れている子に持ってくるよう促す活動なども始めます。慣れてきたら右ページ下段のような活動ができるように指導します。

ポイント・工夫

係の活動の時間を作る

４月当初に係を決めると、少しの間は意欲的に仕事をしますが、２、３週間で活動が活発な係と、そうでない係がうまれてきます。そのときには、学級活動の時間を使って係の活動を見直したり、計画を立て直したりすると、動きが活発になります。

まとめや次への見通し

①係活動が停滞してきたら、時間をとって振り返らせます。
②５月の後半には、なくす係を考えさせ、より必要な係をつくる時間をとりましょう。

◎こんな係活動表を子どもたちがつくって貼り出します

図書がかり

メンバー　★さいとう　山田　川崎

太田や　たに川　横山

すること

1、ろうかにみんなをならべて、しずかに図書室につれていく。

2、図書室で本のかし出しをする。

3、読んでほしい本をしょうかいする。

4、きゅうしょくをまっているときや、雨の日の中間休みに読み聞かせをする。

◎子どもたちの自主性や工夫がいきる活動を

← 学級で読み聞かせ

1年生に読み聞かせをする活動も →

朝の会・帰りの会の進め方を指導する

朝の会は今日１日の見通してをつけ、帰りの会はその日のまとめと明日１日の見通しをつけるために行います。短時間でなおかつ意味のある時間としたいものです。

すすめ方

子どもの司会で進められるようにする

○朝の会と帰りの会のマニュアルを作る

朝の会、帰りの会の司会は日直がしますが、２年生は最初から自分たちだけでは難しいので、「朝の会・帰りの会」マニュアル（例、右ページ）を作って、教室に貼り出します。

○目的１　今日の見通し、明日の見通しがつく

その日の予定、明日の予定を必ず入れます。「今日の１時間目は、国語のスイミーの勉強です。２時間目は体育でリレーをします。ゼッケン、バトンの用意を休み時間にチームでしておきましょう」と担任が話し、見通しをもって行動ができるようにします。

○目的２　朝の会で元気に、帰りの会で期待をもてるように

朝の会では、あいさつ、歌や音読で今日も１日がんばろうという気持ちをつくります。声を出すことで気持ちが高揚します。元気な声、大きな声をほめます。１日の始まりを心地よくします。

帰りの会では日記を書き、その日の振り返りと、明日への期待がもてるような会にします。

ポイント・工夫

マニュアルはラミネートして教卓にも常備する

マニュアルはラミネートして教卓の横にかけるなど常備しておくと、身近で見ながらできるので子どもたちは安心します。

まとめや次への見通し

①朝の会、終わりの会のマニュアルを作って、どの子もスムーズにできるように配慮します。

②内容については、マンネリにならないように変えていきます。詩の朗読を入れたり、帰りの会では簡単なゲームをするのもよいでしょう。

マニュアル作成で誰でも不安なく進行できる

2年生のマニュアル例

朝の会

①朝の会をはじめます　　　　パチパチパチ
②おはようございます　　　　おはようございます
③れんらくちょう、手紙、しゅくだいはだしましたか　　　ハイ
④うたをうたいます　　　　　　　　　　　　　　　　　　ハイ
⑤先生からのおはなしです。（今日の予定）

帰りの会

①帰りの会をはじめます　　　パチパチパチ
②れんらくはありませんか　　ハイ
③うたをうたいます　　　　　ハイ
④先生のおはなしです（明日の予定）
⑤あすの日ちょくさんは、○○さんと□□さんです。よろしくおねがいします。　ハイ
⑥帰りのしごと、ごみひろい、つくえせいりをしてください
⑦わすれものはないですか
（金よう日：きゅうしょくぶくろをもって帰ってください）　　　ハイ

⑧きりつ、いすを入れてください。さようなら　さようなら

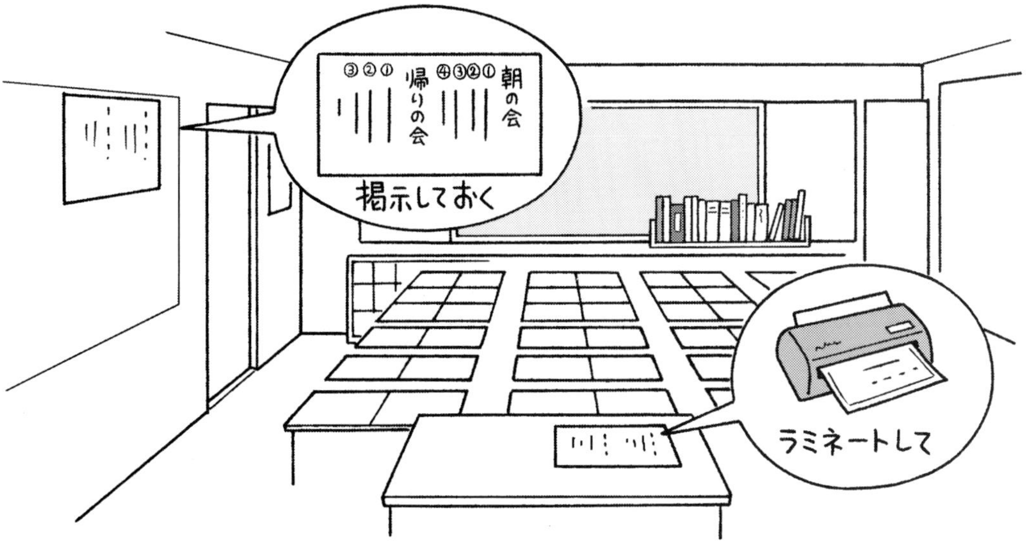

おすすめの実践

学級づくりと長縄跳び

１年間続けるとぐんとじょうずになります。回数が多くなると、クラスのやる気も高まり自信がついてきます。

１．長縄集会

私が以前勤務していた学校では長縄集会という会が１か月に１、２回ありました。集会では３分間で「８の字跳び」が何回できるかを競うのです。２年生からは子どもが回します。４月の第１回集会では、私が担任するクラスは25回。１分間でいうと、８回です。１分間で８人しか跳べなかったのです。つまりうまく跳べない子が多いということでした。

そこで体育の時間に短縄跳びをさせました。様子を見ていると、縄が回るのを見ながら跳ぶ子が多くいました。短縄跳びがうまい子は、背中を伸ばし、目はまっすぐ前に向いています。縄の動きを予測・目測ができています。

短縄は、体育の準備体操として継続的に練習しました。１分間で何回前跳びができるかを競い、１分間で100回できるのを目標としました。

２．長縄で学級づくり

長縄の８の字跳びはクラス全員で跳びます。回数が伸びてくることが子どもたちの自信になります。クラスで同じ目標に向かって練習することで、クラスのまとまりや目標意識が高まりまり、クラスが燃えてきます。

一方全員でとりくむので、じょうずな子と苦手な子が出てきます。苦手な子をどう励まし、うまくできるようにするかが、この長縄の大事なところです。クラスでどうしたらうまく跳べるかの話し合いをさせます。長縄は学級づくりにとても役立ちます。

３．０跳びから練習

苦手な子にとっては、回す人の横から入るのは難しいので、０跳びという名前の長縄の横から跳ぶ練習から始めました。跳ぶときに、自分の方に縄が向かってくるので、タイミングをとり

やすいのです。縄はゆっくりと回します。難しいのは、跳んだあとです。縄から出る距離が長いのでひっかかりやすいのです。

4．横から入る練習

0跳びができたら、少しずつ回す人の横から縄に入るように練習します。慣れない子はつい回す人から離れて跳ぼうとします。縄を4本用意して、少ないグループで練習します。練習回数を確保するためです。

5．真ん中で跳ぶ練習

じょうずに長縄を跳ぶコツには、縄が一番下にきたときに跳ぶことです。縄が地面につくところで、少し足をあげるだけで跳ぶことができます。苦手な子はなかなか真ん中に飛び込んいくことができなくて、入る側の回す人の近くで跳ぼうとします。そうすると、縄が斜めに高くなっているので、足がひっかかりやすくなるのです。地面に印になるものを置いたり、白線で丸をかいて、跳ぶ場所の目標とします。

6．1年かけて目標達成

クラスに長縄集会の記録表を作って書いていきました。

4月の第1回は25回。9月の最高記録は51回。10月は112回。11月は134回。12月は145回。1月は153回。

クラスで話し合って、2年生で200回を超そうという目標を出しました。一進一退はありましたが、3月には、212回できました。1分間で70人が跳びました。すごく回数が伸びました。子どもたちはとても自信になったようです。

応用

うまくなってきたら、班対抗の長縄集会、クラス対抗の長縄集会で競うこともいいでしょう。

音読カードを活用する

音読力を高めるために、家庭での音読練習は不可欠です。「音読カード」を用いて、家でも毎日確実に音読練習をさせるようにします。教師も毎日点検します。

すすめ方

音読カードの使い方

○読む範囲を書く

読む範囲は、学級の実態に合わせて教師が決めます。５分ぐらいで音読ができる範囲でいいでしょう。始めのうちは学校で書かせます。

○評価を自分でする

子どもは家で保護者に音読を聞いてもらいます。音読が終わったら右ページのカードにあるような評価を自分で記入し、保護者に必ずサインをしてもらいます。

○宿題の範囲を翌日学校で読む

学校での確認が必要です。宿題の範囲を短い分量でもいいので読ませます。きちんと練習している子はすらすらと読めます。学校で音読することで、子どもたちはより前向きにとりくむことができます。

ポイント・工夫

家庭の理解と協力が必須

保護者には懇談会や学級通信を使って、子どもの音読を聞いてほしいことと音読の大切さを説明します。音読は学習の基礎の基礎、文章が読めなければ学習にならないことを知らせます。合わせてカードの書き方について説明し、音読の宿題について理解をしてもらいます。どうしても無理な場合は教師が学校で聞きます。

まとめや次への見通し

①カードは点検だけでなく、がんばっているところをほめる材料にもします。
②１年間同じカードでなく、右ページのようにステップアップできるものを作っていきましょう。

〈例〉

音読カード

2年　　組

よくできた　◎
できた　○
がんばろう　△

月／日	読《よ》むはんい	回《かい》数《すう》	声の大きさは？	正しく読《よ》めた？	「、」や「。」の間《ま》は？	気もちがこもっていた？	おうちの人のサイン	先生のサイン
／								
／								
／								
／								

NO＿＿＿＿＿＿

音読れんしゅうカード

2年　　組　（　　）ばん　名前（　　　　　　　　　）

＊毎日読ましょう。１回は家の人に聞いてもらいましょう。
＊よくできためあてに、○をつけてもらいましょう。
＊５つのめあてが合かくするように、がんばりましょう。

めあて
1．みんなに聞こえる声で、はっきり読む。
2．まちがえないように、正しく読む。
3．ことばのまとまりに気をつけて、ていねいに読む。
4．句点（。）読点（、）などに気をつけて、ゆっくり読む。
5．ようすや気持ちがわかるように、生き生きと読む。

アエイウエオアオ
カケキクケコカコ
サセシスセソサソ
タテチツテトタト
ナネニヌネノナノ
ハヘヒフヘホハホ
マメミムメモマモ
ヤエイユエヨヤヨ
ラレリルレロラロ
ワエイウエヲワヲ

1	月日	曜日	読んだ題名	回数	めあて	家の人のサインなど	先生
2	月　　日			回	1 2 3 4 5		
3	月　　日			回	1 2 3 4 5		
4	月　　日			回	1 2 3 4 5		
5	月　　日			回	1 2 3 4 5		

＊　文がすらすら読めることはすべての学習の基本（きほん）です。
つまずいたところは、くりかえし練習して次にすすみましょう。
さあ、姿勢（しせい）を正して集中してとりくみましょう。
今日のめあては？

変化のある反復練習にとりくむ１

音読には練習が不可欠ですが、ワンパターンでは子どもたちは退屈してきます。「変化のある反復」が必要です。５月に入ったら連れ読みのいろいろな仕方で音読の力をあげていきましょう。

すすめ方

連れ読みのバリエーションを楽しみ、音読の力をあげる

○ 一人連れ読み

教師が句点まで読んだ後、子ども一人が同じ一文を読むやり方です。全員の練習が終わって、子ども一人ひとりの読みをクラス全体に聞かせるときに使います。

○ 複数連れ読み

一人ずつで連れ読みをすると短時間でたくさんの子どもに練習させることができません。教師の読んだ後に二人が音読したり、班全員で読んだりと、読む子どもの数を増やします。

○ 一文交互読み

句点で教師と子どもが交代して読みます。教師→子ども→教師→子どもと読みます。交互に読むことで、読みにリズムがうまれます。

○ テン・マル交互読み

句読点で交替して読みます。教師が「春になると、」と読みます。子どもが「たんぽぽの…　咲きます。」句読点で交代して読むので相手の読みのリズムを受けて読みます。

ポイント・工夫

目的は一人ひとりの音読の力を鍛えること

上記の四つの方法を紹介しましたが、このやり方を基本にクラスの子どもたちと相談して、いろいろな方法を編み出してほしいと思います。楽しいネーミングをすると、子どもたちはより意欲的になります。

まとめや次への見通し

①原則的な方法から、いろいろなやり方にひろげていきます。

連れ読みのバリエーションを楽しむ

①一人連れ読み

春になると、……花がさきます。
春になると、……花がさきます。

②複数連れ読み

春になると、……花がさきます。
春になると、……花がさきます。

③一文交互読み

春になると、……さきます。
二三日たつとその花はしぼんで、……いきます。

④テンマル交互読み

春になると、
たんぽぽの……さきます。

こんな方法も……

班を○号車と名づけて、班対抗の交互読みを

「号車」読み
春になると、……さきます。
二三日たつとその花はしぼんで、……いきます。
2号車と4号車で
4号車
3号車
2号車
1号車

変化のある反復練習にとりくむ２

音読で変化のある反復をすることで、子どもをより鍛えています。最初は大きな集団で読むことで、読みへの抵抗を減らしていきます。前項より高度になっています。

すすめ方

目標は一人でみんなの前で読めること

連れ読みの段階では、教師対子どもで、教師主導で一斉に指導していきます。その後はいろいろな読み方を経験させ、徐々に子どもたち同士で練習する場面をつくっていきます。

○ペア交互読み

隣同士で練習をします。一文交代で読ませます。クラス全員の前で読ませると緊張してしまう子も、隣の子に聞いてもらうということであれば、緊張もやわらぎ、楽しく練習できます。音読が苦手な子は、教師とペアを組んで交互読みをすることで、個別指導もできます。

○かけ合い読み

男子対女子、１班～４班対５班～８班、学級のろうか側対校庭側、前四列対後ろ四列、というようにかけ合い方を変化させて一文交代で読みます。子どもに「次は、どんなかけ合い読みがしたい？」と尋ねると、おもしろい発想が出てきます。

○順繰り読み

一人ずつ一文交代で読んでいくやり方です。一人で読むので緊張もしますが、順番を待つ間に心構えをつくり、自分が読まなければならないという自覚を育てていきます。一人が責任をもって読み、なおかつ時間内にすべての子どもが読める方法です。

ポイント・工夫

もっとも発展した連れ読み―はさみ読み

はさみ読みは、音読力をよりレベルアップするのに効果のある連れ読みの方法です。教師が読みながら「はい、次、○○さん」「はい、女の子」と突然指名するやり方です。いつでも読めるように集中しておかないといけない音読です。

まとめや次への見通し

①練習を重ねることで、すらすら読めるようになり、自信がついてきて、次項の一斉読みに進むことができます。

いろいろな音読を楽しむ

①ペア交互読み

①かくれんぼ
②たけしたふみこ文
③すずきまもるえ
④かおるは木の下にいます。

②かけ合い読み

①
かくれんぼ
②
たけしたふみこ文
③

③順繰り読み

うしろ
㉚
①
まえ
残りの人は友だちの音読を静かに集中して聞く
次の人は立って待つ
読む人

リレー読みにとりくむ

音読の仕上げとして、クラス全員で一斉に読みます。一斉読みができれば、リレー読みをさせます。みんなの前でまちがわずに音読することに挑戦させます。

すすめ方

一斉読みからリレー読みで音読の仕上げをする

○一斉読みでクラスの心を合わせる

音読の練習を積み上げてきたあとは「一斉読み」です。「では、みんなで声をそろえて読みましょう。ハイ」という合図で読みます。高い声、低い声が見事ハーモニーをつくって教室中に快く響きます。みんなで一緒に力を合わせてできた喜びが、学級集団づくりの基礎ともなります。

○リレー読みにとりくむ

どの子も読める力をもったら、リレー読みを行います。グループで協力して音読していくやり方です。まちがったら、同じ班の子にバトンタッチしていきます。

最初は、どの班もあまりページが進みません。自分たちの班の最高記録をめざし、他の班との競争はしません。練習を積んでいくと、数ページを一人で読み切る子が現れます。そういう子が出てくると、あの班はかんばっているから私たちの班ももっとじょうずになろうという刺激になります。100マス計算の考え方と同じです。一人が１回ずつ読んで、グループとして教材をどこまで読み通せたかを追求するのです。

ポイント・工夫

緊張感のなかでどれだけ正確に読めるか

リレー読みの目的は班で競争することではありません。班で読み合うことで、緊張感のなかで正確に読める力と集中力をつけることです。まちがったときは教師が判定をして次の子に交代させます。

● まとめや次への見通し

①一斉読みやリレー読みで音読力が一人ひとり上ってきたら、次項の完ぺき読みに進みます。

リレー読みの流れ

①
春に なると たんぽぽの ・・・
しまった 「、」を ぬかして しまった
こうたい します
4番
3番
1番
2番
②
たんぽぽの黄色い きれい 花がさ… あ しまった
「な」を ぬかし ました
③
きれいな花が さきます。 二・三日たつと…
④
やったあ 昨日より 5行も 多く読めたっ
⑤
昨日より たくさん 読めた班の人
はい

読書の指導と習慣づけ

日頃から本が身近にあり、いつでも読書ができる環境を整え、読書習慣が身につくようにしていきます。本を読むことは知的好奇心を揺さぶるだけでなく、集中力や学習への構えをつくります。

すすめ方

読書環境を整え、本に親しみ、本好きにする

○読書環境を整える

①学級文庫を充実させる

学級文庫用の本棚を用意し、図書室から本を持ってきたり、保護者に呼びかけて集めたりしてできるだけ本の数を確保します。

②図書係をつくる

図書係をつくり、定期的に（朝の会に週１回など）本の紹介をさせていきます。

③机の中に本を入れておく

図書室で借りた本でも家から持ってきた本でもいいので、各自最低１冊、できれば２冊の本を机の中か、横にかけ袋を用意してそのなかに入れておきます。

④いつでも読書（すきまの時間）ができる

100マス計算が終わった、絵を描き終えたなど、子どもたちの学習活動に時間差がうまれたときにはすぐに読書です。③の１冊を取り出して静かに読書をする習慣を身につけさせます。読書ルールは、「本だけを出す」「本を変更するために立ち歩かない」の二つです。

ポイント・工夫

読書カードで達成感を

読んだ本の名前を書いていきます。２年生では、どれだけたくさんの本を読んだかを目標にさせるといいでしょう。そのために記録用のカードを用意します。本の記録が増えることで達成感を味わわせます。

まとめや次への見通し

①読書は読み聞かせ（18ページ参照）と合わせて年間で指導していきます。本に親しみ読書好きになるように、子どもたちがおすすめの本を紹介する機会をつくったりします。教師もこれはと思った本を紹介していきます。

読書好き文化を学級に根づかせる

①学級文庫を充実させる

保護者の
みなさん
学級文庫に
本をおかし
ください
数を確保！

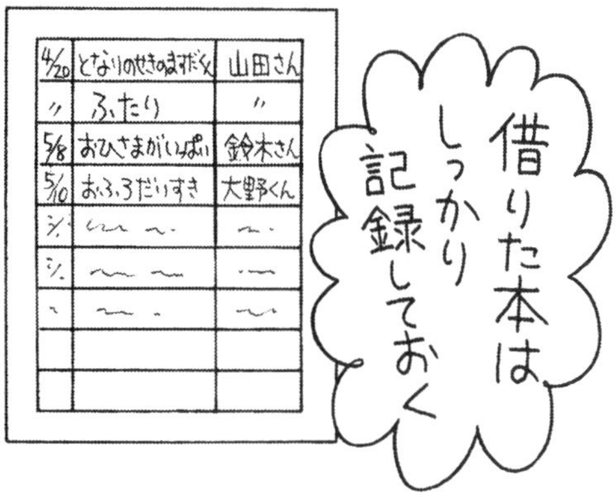
4/20 となりのせきのますだくん 山田さん
〃 ふたり 〃
5/8 おひさまがいっぱい 鈴木さん
5/10 おふろだいすき 大野くん
借りた本は
しっかり
記録しておく

②図書係の活動を活発にする

わかりやすいね
おはなしの本
え ほ ん
きょうりゅうの本

③身近に本を

机のなか
袋でもOK

④すき間の時間に読書

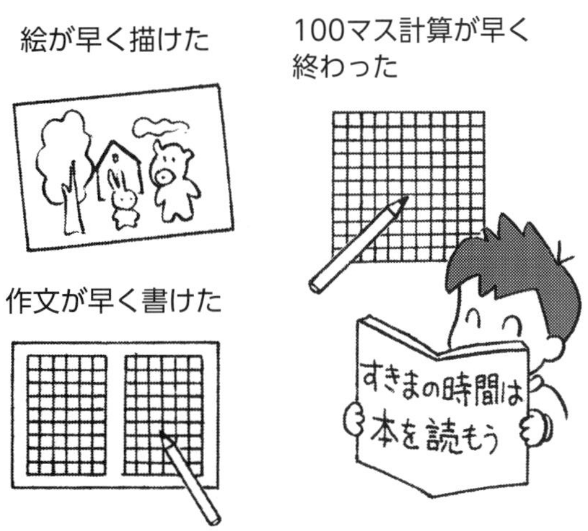
絵が早く描けた
100マス計算が早く
終わった
作文が早く書けた
すきまの時間は
本を読もう

漢字練習〈1年を通して〉

　２年生の学習漢字は160字、授業で扱うだけでは習熟しません。漢字学習は授業、家庭での復習、小テストの順で行い、定着をはかっていきます。何度も繰り返し練習することが必要です。

すすめ方

毎日、漢字の練習をさせる

○学習した漢字はその場で点検（新出漢字の学習は26ページ参照）

　新出漢字を練習で写し書きをしているときに、教師は机間巡視をして、不備な字はないかを見て、すぐに書き直させ、じょうずな字には丸をつけます。

○家庭でその日習った漢字の復習をさせる

　始めのうちは授業を使って、やり方をみんなで確認しながらして、残りを家庭でさせます。

○漢字ドリルを宿題にする

①漢字ドリルをていねいに写す

　漢字・漢字かな交じり文をていねいに写します。ふりがなも書かせます。教師はノートが提出されたら「はね、とめ、はらい」がきちんとできているかチェックします。右ページでは１日２文字ずつの練習です。

②ひらがな文を見て、漢字に直す

　漢字ドリルのひらがな文を見て、漢字かな交じり文に直します。書けたら、漢字ドリルの裏に載っている答えを見て、まちがいもきちんと直させます。

ポイント・工夫

子ども自身が苦手な漢字を把握する

　漢字ドリルを有効に使います。ひらがなを見て漢字に直すときに、まちがったり、わからなかったりした漢字にはドリルの該当箇所の横に赤線をひかせます。引いた赤線で、子ども自身に苦手な漢字を意識させます。

まとめや次への見通し

①１年を通してこのやり方で漢字練習をします。

漢字練習ノートの指導

ここでは、12マスの国語ノートを使用しています

❶ 4マスを使って「雲」と書きます

❷ 赤鉛筆でふりがなをふります

❸ 漢字ドリルの文を写します

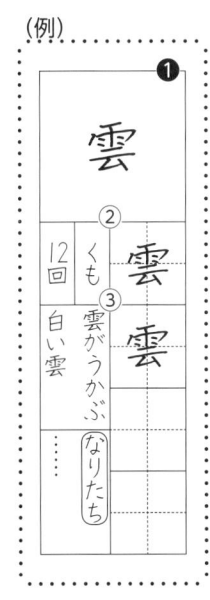

❺ 漢字ドリル（下記は例）のひらがな文を漢字かな交じり文にします

❹ 余ったマスで漢字練習

（例）

❺

七 かく……

① くものうえ

② あんしんする

↓

❺

六 よむ……

① 雲の上

② あん心する

❻

❻ まちがった漢字の横に赤線をひかせます

（例）

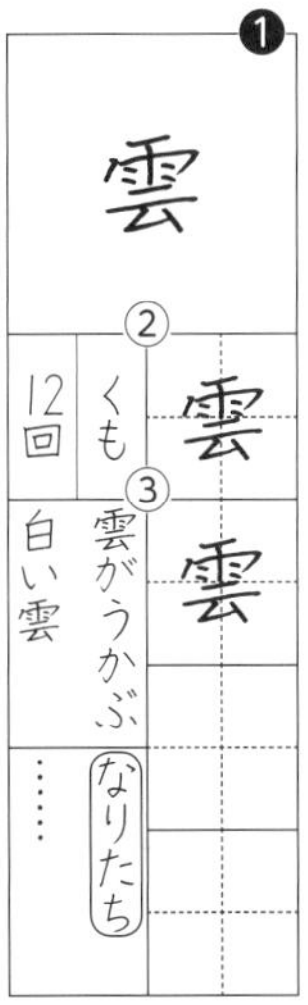

マス目からはみ出さないように
ていねいに書いていきましょう

漢字テスト〈1年を通して〉

漢字テストは１回で終わりにするのはなく、スモールステップでくり返し練習をさせて、習熟定着をはかります。テストを定着のツールの一つとして使います。

すすめ方

小テスト→中テスト→大テストの順に

○１文字の小テスト（５問）

新出漢字で習った漢字が５文字になったところで、１文字ずつ５問の小テストをします。書く漢字の量が少ないので、漢字が苦手な子も意欲的にとりくむことができます（小テスト例、右ページ）。

全問正解で合格です。まちがった漢字だけ、もう一度テストします。

○１文字の中テスト（20問）

１文字５問のテストが４回終われば、20問の中テストをします。小テストと同じように、20問全部正解するまで、再テストをくり返します（中テスト例、右ページ）。

○大テスト（短文）

中テストが終われば、漢字ドリルに載っている短文を使ったテストです。ひらがなで書かれた文を漢字かな交じり文に直します。

○大テスト（長文）

学期の終わりには、少し長い例文を使って、漢字を書く練習をしましょう。『新漢字習熟プリント２年生』（清風堂書店）が使いやすいです。

ポイント・工夫

合格した達成感を大切に、スモールステップで進む

１文字５問の小テストから始めて、短文、長文と漢字テストもスモールステップで進め、漢字の習熟をはかります。漢字テストに抵抗を感じないように、合格した達成感を大事にしながら進めます。

まとめや次への見通し

①１年を通してこの仕方で漢字テストをします。

合格の達成感を大切に

小テスト例（熟語・短文は漢字ドリルより）

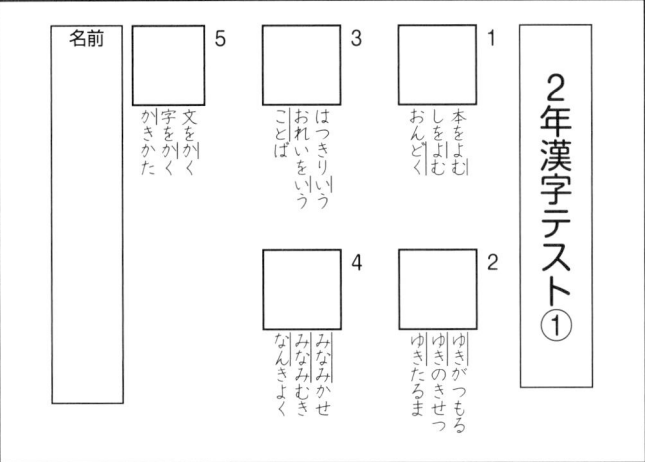

2年漢字テスト①

1. 本をよむ／しをよむ／おんどく
2. ゆきがつもる／ゆきのきせつ／ゆきたるま
3. はっきりいう／おれいをいう／ことば
4. みなみかせ／みなみむき／なんきよく
5. 文をかく／字をかく／かきかた

名前

全問正解で合格。
不正解の漢字だけ
再テスト

2年漢字テスト①～④

名まえ

1. 本をよむ／しをよむ／おんどく
2. ゆきかつもる／ゆきのきせつ／ゆきだるま
3. はっきりいう／おれいをいう／ことば
4. みなみかぜ／みなみむき／なんきょく
5. 文をかく／字をかく／かきかた
6. はるののはら／はるかぜ／はるとなつ
7. いまとむかし／ただいま／ことしのはる
8. 一しゅうかん／先しゅう／しゅうかんし
9. 手がみをかく／おりがみの花／白いかみ
10. 大きなもん／校もんを出る／せんもんの本
11. 赤青きいろ／きいろい花／あかときいろ
12. いろをぬる／きれいないろ／赤いいろ
13. 手がふとい／すこしふとる／赤いたいよう
14. ぬこのけ／け系をあむ／けかわをさる
15. せいがたかい／こえがたかい／こうこう生
16. かぜがふく／つめたいかぜ／たいふうのかぜ
17. はれた日／空がはれる／せい天のあさ
18. 木がおおい／おおくの人／とりがおおい
19. かんがえる／よいかんがえ／人のかんがえ
20. 人にしらせる／しりません／しっている

中テスト例

（作り方：熟語・短文は小テストと同じもの。コピー&ペーストでナンバーだけふりなおす）

大テスト（短文）

漢字ドリルの（漢字かな交じり文）を使ったテスト

大テスト（長文）

学期の終わりに

100マス計算を始める

少ないマス計算の練習が終わり、マス計算に慣れたら100マス計算に入ります。子どもが意欲をもってとりくみ、伸びが実感できるようにすることが大切なことです。（42ページ「マス計算を導入する」参照）

すすめ方
タイムのはかり方と記録の仕方

○子どもは自分の伸びを評価する

最初はタイムをはかりません。慣れてきたら算数授業の10分間か、朝の学習タイムなどで100マス計算をするのがいいでしょう。学校で１回して、もう１回は宿題とします。

ストップウォッチで「よーい。ドン」でスタート、できた子が「はい」と言って手を挙げると、教師が「何分何秒」というのが一番多いやり方です。教師は、その子どもの伸びだけを評価します（40ページ「100マス計算の心得」参照）。

最初は時間がかかる子がいるので、５分間でやめて、解いた問題数と正解数を記録させます。

○記録する

右ページの表などに記録し、最初の記録とどれだけ伸びたのかを常に意識させます。上の表は問題を解く数が増えていくことを記録するやり方、下の表は昨日のタイムより速ければ白丸とする方法です。一日一日のがんばりがよくわかる表です。

○となりと交換して丸をつける方法

低学年ではきちんと丸つけをしておくことが大切です。答えを教師が「４＋６は10　４＋２は６」と読みあげ、慣れてくれば「横に答えをいいます。10、６…」とし、まちがいを直させます。

ポイント・工夫
掲示板でタイムを示す

「はい」という声を出さす集中してやらせたいときには、テレビ画面にタイムを表示したビデオを流し、子どもができたときに画面を見て記録するやり方もあります。

まとめや次への見通し

①続けることで飛躍します。教師の根気が必要です。どの子も加減で４分台を出すところまで続けます（次項にくわしく）。

100マス計算記録表（例）　２種類

100マス計算記ろく表

かんばりマーク
もくひょうたっせい

名まえ（　　　　　　　　　　）

きのうより速い　◎
きのうと同《おな》じ　○
きのうよりおそくなった　△

月　日	もんだいすう	タイム	点《てん》　数《すう》	がんばりマーク
５月 １ 日	100　だい	分　　びょう	点	
５月 ２ 日	200　だい	分　　びょう	点	
月　　日	だい	分　　びょう	点	
月　　日	だい	分　　びょう	点	
月　　日	だい	分　　びょう	点	
月　　日	だい	分　　びょう	点	
月　　日	だい	分　　びょう	点	
月　　日	だい	分　　びょう	点	
月　　日	だい	分　　びょう	点	

「前《まえ》の自《じ》分《ぶん》のタイムにかとう」があいことば

計算星とりひょう	名前

{かったら
ひきわけも} ○

まけたら　●

はじめは点数《てんすう》で

(1)

5／1	分　秒 ・	90　てん	
5／2	・	98	○
5／6	4・50		○
5／7	4・57		●
5／8	4・55		○
5／9	4・43		○

4 しょう 1 はい

(2)

／	分　秒 ・	てん	
／	・		
／	・		
／	・		
／	・		
／	・		

□しょう□はい

100マス計算の指導計画

100マス計算を４、５月から始める理由は二つあります。一つは、２年生で習う、桁数の多い計算の元になること。もう一つは、計算が速く、正確になることで、子どもたちが自信と誇りをもつことです。

すすめ方

100マス計算を学級づくりのアイテムにする

○自己肯定感をつける「できた！伸びた！」

100マス計算が終了し、各々タイムを記入したら「昨日より速くなった子」「新記録が出た子」と言って立たせクラス全員で拍手をします。100マス計算を毎日続けることで、一直線ではありませんが、確実にタイムが伸びます。前より速くなったことで自分を肯定することができるのです。それを学級全体で認め合うように教師が配慮すれば、100マス計算は学級づくりの一つの柱になります。

○100マス計算の練習プログラムを立てる

２年生におけるたし算、ひき算の100マス計算のスピードの目標は「熟達＝とても速い」（２分台）「習熟＝速い」（３分台）「習得＝ふつう」（４分台）、です。

そこで、どの子も４分台以上になるための計画を立てます。毎日100マス計算を２枚ずつ、つまり200題（学校で100題＋宿題で100題）をすると、３週間で3000題することになります。

3000題すると、ほぼどの子も４分台になります。題数はクラスの実態に合わせて、増減させてください。どの子が達成感をもつところまで、練習を続けます。

ポイント・工夫

まちがいは必ず訂正させる

タイムをはかりはじめると、まちがいが急増します。100マス計算の目的は「正しく速く」です。タイムを競わせるのではありません。まちがいは、きちんと訂正し、次は同じ問題でまちがえないよう克服させましょう。

まとめや次への見通し

①１学期では、全員が４分台を達成した後も、たし算・ひき算が確実にできるように100マス計算を続けます。

100マス計算を学級づくりの柱にする

①一人ひとり目標をもつ！

きょうは
きのうは5分
なん分？

1日2枚　200題の計算練習

1週間だと10枚　1000題の計算練習

3週間30枚　3000題の計算練習!!

②苦手な子どもを励ます

タイムは一直線に伸びていかない

今日までがんばってきたんだ！
明日は4分台になるよ！
○○題もやってるんだ

③達成感を共有！目標をもつ！　子どもの自己肯定感の向上！とクラスづくりの柱に

みんなで3分台！やったネッ

カンパーイ
給食の牛乳

④答あわせは重要！とりくみ始めは必ず

交換して・・・

チェック！
こたえ

⑤とりくみを　重ねると…

●始めの所要時間は10～15分

計算　5分	答え合わせ 記録表記入　5分

●全員3分台になれば所要時間は5分でOK！

計算　3分	←	答え合わせ 記録表記入で2分

★他人の解答用紙はていねいに扱うように指導しよう

100マス計算の指導の工夫

100マス計算は、万能の指導方法ではありません。100マス計算をすることが困難な子もいます。その子の実態をつかんで、100マス計算の指導法を変化させていきます。

すすめ方

個別の課題を知り100マスプリントを変化させる

○左きき用100マスプリント

100マス計算をするときに、いつも左のひじを上げながら計算する子がいました。その子は左ききで、左側に書いてある縦の数字が見えにくかったので、左のひじをあげて見ていました。

その子のために、右側にも問題を書きました。そうすると、30秒以上タイムが伸びました。

○50問目に問題を入れる

50マス計算はできるのに、100マス計算になると、下半分にまちがいが多い子がいました。横算の100問の計算プリントでは、9割は正解する子でした。100マス計算をしているときの目の動きを見ていたら、下半分には目線が行かないのです。100マス計算は、横列の数字と縦列の数字を覚えて計算し、マスの中に答えを書いていくので、数字を短期に記憶しないといけません。それが弱い子だと思いました。真ん中に問題を入れると最後までできるようになりました。

ポイント・工夫

子どものつまずきを観察する

100マス計算のやり方がわからずつまずいている子もいます。その子の壁をとってやるには、なぜ、100マス計算ができないのかつまずきの原因を発見していく教師の目が必要です。個別に課題を見つけることが肝要です。

まとめや次への見通し

① 100マス計算でついた力が次の計算（２桁のたし算・ひき算）の基礎になります。
② 100マス計算を通じて培った自信がこれからのさまざまなとりくみにつながります。

計算

☆左ききの子のための100マスプリント（例）

+	4	5	0	8	1	7	6	2	9	3	+
3											3
8											8
4											4
5											5
0											0
6											6
1											1
9											9
2											2
7											7

（　　）題目

月　　日

分　　秒

点

まちがいなおし

=

=

=

=

=

☆まん中に問題を入れた100マスプリント（例）

−	14	12	17	10	15	11	19	16	18	13
9										
2										
0										
6										
3										
−	14	12	17	10	15	11	19	16	18	13
7										
5										
1										
8										
4										

月　　日

分　　秒

完璧読みにチャレンジさせる１

連れ読みのバリエーションでつまることが少なくなってきたら、次の課題に挑戦させます。設定したページをまちがわずに読むという完璧読みです。完璧読みは個人を鍛えていく読みです。（連れ読みのバリエーションは70〜73ページ。）

すすめ方

完全無欠　傷のない玉のような読みを

より正確に読む力をつける指導の効果的な方法を紹介します。どの教材でもする必要はありません。音読がすらすらできる力がついたときに、より高い目標として、完璧読みを行ってください。最初の教材は文学教材がいいでしょう。

○まちがった読み方を示す

最初は教師が読みます。まちがいやすいところを示し、読みまちがいの基準を示します。

①漢字が読めない、誤った読み方をする。

②適度なスピードではない。

③句読点でくぎらない。

④句読点のない箇所で切る。

⑤段落、会話文の前や後で適切な間合いをとらない。

○上の①〜⑤に気をつけさせて子どもたちに読ませる

どこがおかしかったか、子どもに言わせてもよいでしょう。評価規準を示すことで明確な目標をもって、子どもはとりくみます。あいまいな基準ではいけません。「完璧に読むぞ」と、子どものモチベーションを上げていきましょう。

ポイント・工夫

読む範囲を少しずつ増やす

最初から無理はさせません。そうしないと苦手な子がどうしても合格せずに、意欲をなくしてしまうからです。まずは、一つの意味段落から始め、読む量を増やします。授業中で練習もするし、宿題にも出して、練習を積んでいきます。

まとめや次への見通し

①すらすらと音読できる力をつけて、音読に自信をもたせていきます。

②個別に評価し、個人の読む力を伸ばすことに役立たせます。

音読の完成へ　こんな場合はこんな手立てで

●勝手に文章を作って読んでいる子どもには

☞ 右側を指でたどらせる

●ぶつぶつ切つて読んでいる子どもには

☞ 一息で読むところを赤線で

●たどたどしく読んでいる子どもには

☞ 連れ続みをくり返す

●声が小さい子どもには

☞ 息をたっぷり吸ってマイクに届けるように

●早口で読んでいる子どもには

☞ ちょうどよい速さの子といっしょに

完璧読みにチャレンジさせる２

子ども自身が望ましい読み方がわかってきたら、完璧読みを子どもたちに評価させます。友だちの読みを評価するために聞く経験をさせて聞く力を伸ばし、音読への意識を高めます。

すすめ方

教師から友だち先生へ

○評価の仕方

練習がある程度できたら、教師の評価を示します。「読みまちがいです」「つまりました」「点をぬかしました」「丸で止まっていません」「速すぎます」とまちがったその場で声をかけながら、前項の評価の基準５項目に従って点数化します。一つまちがうごとに10点引きとし、完璧に読めたら100点とします。

○どこの時間でするか

一人ひとりていねいに評価するには、かなり時間が必要です。最初は授業だけでなく、朝の時間、休み時間、給食時間、放課後の時間なども利用します。

○子どもたちで評価し合う

何度か完璧読みを経験させ、評価を子どもたちにもさせます。読み手の失敗に気づいたら、聞き手の子どもが「ストップ」と言って、手を挙げます。「今のところ読みまちがいありました」と理由を言います。他の子どもたちにも聞いて、だいたいの子が「そう思う」となると10点引きにします。どちらかわからない場合は教師が判定します。

ポイント・工夫

苦手な子への指導

音読が苦手な子には個別指導をします。みんなの前で読むのが極端に苦手な子を担任したことがありました。たくさんの人の前では緊張してしまうのです。放課後残って教師と練習するとすらすら読めます。その声を録音して、次の日にクラスの子どもたちに聞かせたことがありました。

まとめや次への見通し

①子どもたちにも評価をさせることで、聞く態度と力を養います。
②音読を通して、友だち同士のみがき合い、学び合いを組織していきます。
③２学期には説明文にも挑戦させたいものです。

子どもたちで評価し合って音読の力を上げる

①完璧読みの練習

- となり同士で練習
- ペア練習
  友だちが先生になる

たんぽぽの
ちえ
春になるとた
んぽぽ
春になるとの
あとの「い」が
ぬけていました
読み手
聞き手

②教室で完璧読みに挑戦

- 子どもがまちがいを指摘する
- 教師は確認し、判定する

二、三日たつと
花はしぼんで
ハイ
田中さんは
花の前の
「その」を
ぬかして
いました

③こんな方法も

レコーダーで録音
パチパチ
すごいね！
じょうずです

詩の暗唱

教科書教材の完璧読みまで音読力を高めたら、詩の暗唱にチャレンジします。詩を暗唱することで、言葉のおもしろさ・リズムの楽しさを味わうことができます。

すすめ方

音読練習から暗唱へ

○詩を選ぶ

詩を何編か選び印刷します。どんな詩を選ぶのかは、教師が子どもたちの実態を見ながら決めればいいでしょう。

○連れ読みから練習を始める

国語の授業の10分ほどを使って練習します。連れ読みは文節ごとに練習し、次に１行ずつします。慣れてきたら交代読みをして、何度も声に出して練習します。

○板書した詩を消していく

こうして少し覚えたころに、詩を板書します。最初は、どこかを１文字消して読ませます。「簡単！」と子どもたちは言います。少しずつ消す文字を多くします。行の一番上の字は最後まで残しておきます。各行の出だしは難しいからです。最後はすべて消します。

○自信がつく

暗唱は一人ずつ休み時間などを利用して教師が聞きます。子どもは合格したら大喜びです。「やったあ」と歓声をあげます。家の人にも聞いてもらうよう促します。教師、家の人、たくさんの人にほめてもらうことで自信がついてきます。

ポイント・工夫

簡単な詩から始める

どの子も達成感をもてるように、最初は簡単な詩から始めます。いくつかの詩を覚えていくと、子どもたちは、暗唱のコツをつかんで記憶するやり方を学んでいきます。暗唱が他の学習にもいきてきます。

まとめや次への見通し

①学級通信などで、暗唱のとりくみを折に触れて家庭に伝えます。
②リズムのある詩、おもしろい詩、内容が少し難しい詩など変化をつけて触れさせます。授業参観で保護者に披露してもよいでしょう。

覚えた暗唱のコツは他の学習にもいきる

①連れ読みから始める

だれかしら
よだ じゅんいち
だれかしら、
だれかしら、
おはなに なまえを
つけたひと。
みんなで読んでみましょう
だれかしら
だれかしら
おはなに
なまえを
つけたひと

②少しずつ文字を消していく

だれかしら
よだ じゅんいち
だ かしら、
だれ しら、
おは なまえを
つけたひ 。
少しずつ字を消していくよ
よめるかな？
えー
いや…
大丈夫や

③最後は各行の頭の一文字に

だれかしら
よだ じゅんいち
だ 、
だ 、
お
つ 。
上の字しかのこってないよ
がんばる
えー
ムリや〜〜

マット運動の指導　倒立・立ちブリッジ

このニつは、練習すればだれでもできるようになります。コツはこつこつ練習することです。できたときはとても嬉しい気持ちになります。

1．倒立

6月の2年生の体育は体育館でマット運動でした。体育は週3時間あります。この3時間をすべて、マット運動にします。このときのクラスは全部で33人で、倒立と立ちブリッジができている子は誰もいませんでした。

まずはじめに行ったのは、倒立です。壁倒立の練習です。体育館には一面の壁がありません。下に窓があり、倒立の練習にはふさわしくないのです。部分的に10箇所、壁が上まである所がありました。幅は80センチほどあります。その部分だけなら、壁倒立ができそうです。まずは壁倒立。壁に向かって後ろを向いて、足で上がっていく練習を班ごとに行うことを指示しました。安全から考えて、後ろに上がる練習は班でやっても大丈夫だと判断したのです。

私は班を順番にまわって、一人ひとり壁倒立をさせていきました。壁側に手をつかせてから、教師が足をもって上に上げていきます。上げた足を壁につけます。ここで、逆さ感覚をつけるのです。何度もすることで体で感覚を覚えさせます。しだいに子ども一人でできるようになっていきます。

2．立ちブリッジ

前半の倒立の練習の後は、立ちブリッジの練習をしました。「天井、壁、マットのしみ」の合言葉で練習をします。教師は、腰の部分を持って支えます。立ちブリッジ指導では、子どもの腰をもってサポートします。そうすると「お、曲がってきた。柔らかくなってきた。そろそろ、できそう」と、手の感触でわかってきます。

合格しそうな子は後で、テストに挑戦させます。子どもの横に立って、腰のところに手を出しておきます。頭を打ちそうなったら、すぐに手で腰をささえて、頭を打たないようにすることが重要です。

子どもたちには、横から見させまし

た。そうすると、「がんばれ、もう少しだ」「前より、曲がってきた。すごい」という声があがります。できたときには拍手もおこりました。私は、できた子とハイタッチをします。友だちの祝福を受けて、抱き合う子もいました。「やったあ」と大喜びする子もいました。

①柔軟（足を開いて頭をつけます）、何人かは胸がつく子もいます。②腕立ふせを10回。③寝ブリッジ。

この３点セットを６月から毎日宿題として出しました。

子どもの合格していく様子をみるとおもしろいのです。１か月半のとりくみで、はじめに合格する子は、体が柔らかく運動が好きな子です。次に合格する子は、真面目に練習している子です。７月になって合格した子は、見ていて「大丈夫かな。合格するのかな。足がなかなか上がらないな」と思っていた子が、あるとき急にできてきます。

3.「マット指導」の教育的意義

①自信とやる気をうむ

②教師と子どもの関係づくり～信頼関係～

③子ども同士をつなぐ～友だちを励ます～

④体の柔軟性が育つ

このようにマット運動は、学級づくりの推進力になります。

4．結果

２か月の結果（クラス34人）は次のようになりました。

	倒立	立ちブリッジ
人数　7月	29 人	25 人
9月	31 人	27 人

※倒立・立ちブリッジの指導についてくわしくは『１か月集中実践で子どもを変える！』（久保齋著、小学館）

朗読的な読みにチャレンジさせる

音読の基礎ができれば、朗読的な読みに挑戦させましょう。「人物の様子や気持ちを考えて声に出して読もう」というめあてが教科書に載っています。

すすめ方

役割読み

○人物のせりふを分担して読む

「お手紙」（光村図書『こくご二下　赤とんぼ』）を例にとって、説明します。

まずは、地の文は読まないで、人物のせりふだけを二人で読み分けます。

このとき教科書では、どのように読むかを書き込みをさせて、それから練習する形になっています。しかし、子どもたちに勝手に書き込みをして、人物のそれらしい読みをしても意味がありません。授業のなかで、とくに問題になるところについてはどのように読むか、みんなで話し合い、読みに入ります。

○みんなで意見を出し合いながら

「ばからしいこと、言うなよ。」の部分について、話し合いをします。言葉だけ取り出すと「強い声で、おこったように」子どもたちは、読んでしまいます。または、「言うなよ。」の部分を大きな声でさけぶ子どももいます。

これまでの場面のかえるくん、がまくんの関係や「ばからしいこと、言うなよ。」という会話文の前後の文を解釈することで、豊かな読みに近づけていきます。

ポイント・工夫

読解の上にたった表現方法で

教師は自分なりの解釈をもったうえで、子どもたちの意見を聞き、音声表現をさせていきます。そのなかで、どの表現がこの場面ではふさわしいかを探っていかせます。朗読的読みには、解釈と読みの技術が必要です。

まとめや次への見通し

①２年の後半では、基礎音読を土台として、朗読的な読みに挑戦させます。
②授業での読解指導と朗読的な読みをセットにして指導します。

意見を出し合いながらふさわしい読みをさぐる

①どちらの読みがいいのだろうか

ばからしいこと言うなよ
ばからしいこと言うなよ

②会話文の前後の文を解釈し、豊かな読みに近づける

がまくんの深い悲しみの心の内を声で表現させたい
どちらの読み方がここではいいですか？
がまくんは深い悲しみを持っていますここは悲しみが心の中にある声で読んでほしいです
かえるくんはやさしく言っているのでがまくんもおこっている感じではないと思います

名前を練習させる

プリントやノートに書くときに、名前を雑に書く子が２年生では多いものです。自分の名前は一生使います。形のいい、美しい字を書かせたいものです。

すすめ方

名前の手本を作る

○名前の手本作り

名前をていねいに書きなさいと言っても、子どもにとってはどう書けばいいのかがわかりません。教師が手本を書ければ一番いいですが、パソコンで教科書体のフォントを使って子どもたちの名前見本を作ってもいいでしょう。大きさは、２年生の国語ノートのマス目（15～18mm）と同じ幅にします。

名前プリントは、書写の時間などを使って練習をさせます。名前を４～５個並べます。となりには空欄をもうけて、手本を見て、横にていねいに名前を書いていきます。なぞって→書く→なぞって→書く、のくり返しで、少しずつ字形がとれるようになってきます。

○名前シートを作る

テストのプリントや、授業で使うワークシートなどに名前を書かせるときに使うのが、名前シートです。名前プリントで作った名前を切り抜いて、ラミネートします。まわりをけがをしないように、丸く切り取ります。プリントの下に敷くとうっすらと字が見えるので、なぞらせます。

ポイント・工夫

ひらがなから漢字へ

２年の１、２学期はひらがなの名前プリントを使って練習させます。まずは、ひらがなできれいに書けることをめざします。慣れてくれば、友だちの名前プリントを練習させます。３学期からは漢字の名前プリントを使って練習します。

まとめや次への見通し

①自分の名前をていねいに、字形の整った字を書く習慣をつけます。
②１、２学期はひらがなを、３学期からは漢字の名前を練習させます。

◎名前シートの作り方

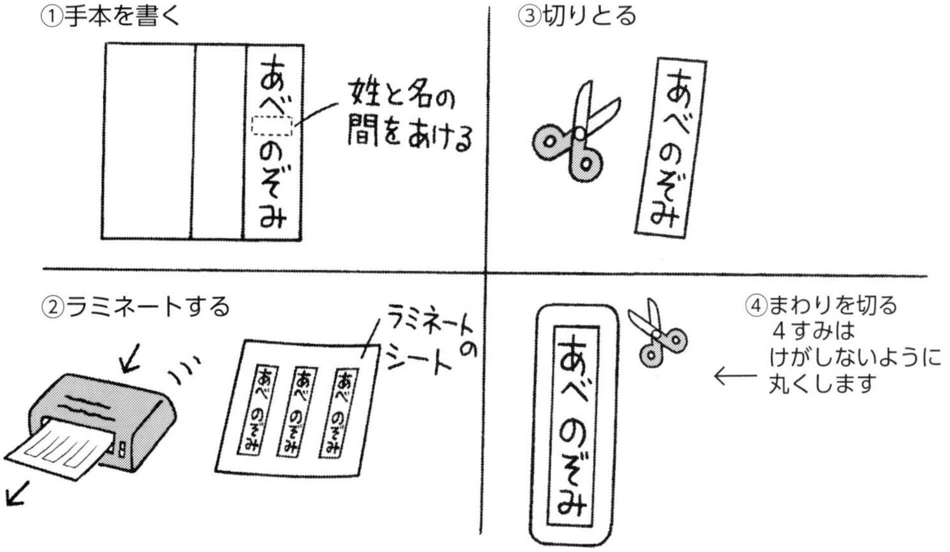
①手本を書く
あべ
のぞみ
姓と名の
間をあける
③切りとる
あべ
のぞみ
②ラミネートする
ラミネートの
シート
あべ
のぞみ
④まわりを切る
4すみは
けがしないように
丸くします
あべ
のぞみ

◎名前シートを使う

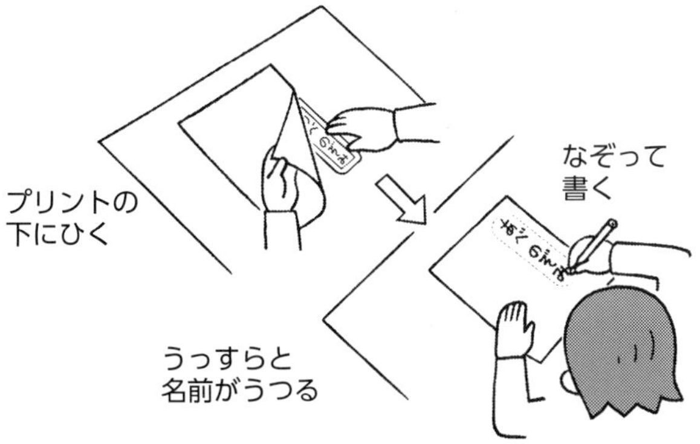
プリントの
下にひく
なぞって
書く
うっすらと
名前がうつる

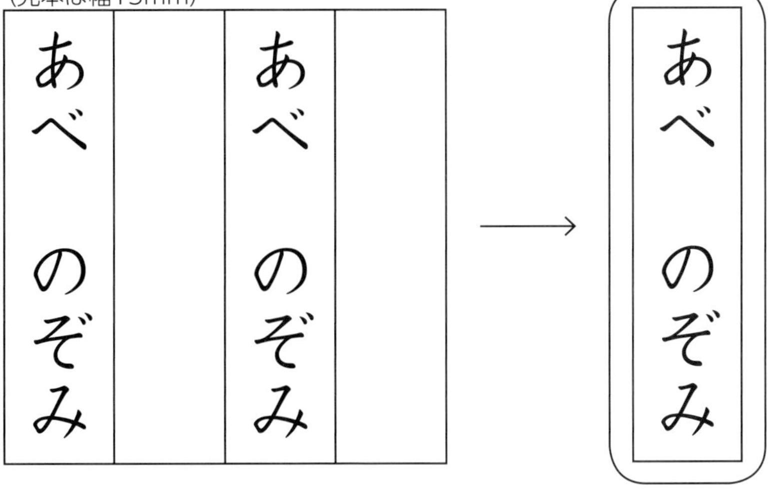
(見本は幅15mm)
あべ
のぞみ
あべ
のぞみ
あべ
のぞみ

視写を始める

新出漢字の学習や音読の練習に慣れてきたころ、視写指導を始めます。手本を見てプリントやノートに字をていねいに美しく書くことによって、書く力と言語力を育てます。また、原稿用紙の使い方も覚えていきます。

すすめ方

視写指導の入口

○始めは全員で１行ずつ

国語の授業の10分を視写にします。視写用に枠だけ印刷したプリントとそれに合わせて書き直した手本を用意します。まず、みんなで一度手本全文を音読します。それから１行ごとに書いていきます。教師は黒板に書いていきます。

教　師：１行目の上から書きます。たんぽぽのちえ。さんハイ。

子ども：たんぽぽのちえ。

教　師：はい、書きましょう。

教　師：１マス空けて。春になるとてん（、）。

子ども：春になるとてん（、）。

教　師：書きましょう。

始めは、読点で止まって書かせます。慣れてきたら、１行ずつ読んで書かせていきます。

○原稿用紙の書き方を指導する

視写を通じて、①段落は１マス下げる、②句読点、かぎかっこは１マス使う、③最下段での句読点は文字と同じ行にうつ、などの指導を行います。

ポイント・工夫

視写で、子どもは４段階の学習をしている

手本を見て書くことは簡単なように見えて、２年生の子にとっては難しい課題です。①本文を読み取る、②一定の文章を内言化して覚える、③記憶した内言を用紙に復元する、④本文と比べて正確かどうか点検する、という四つの段階があります。正しく写すことで言語力を鍛えています。

まとめや次への見通し

①文を写すことを通じて、原稿用紙の使い方を覚え今後の作文指導にいかします。

授業始めの短い時間を使って

①教師が見本を作成する

たんぽぽのちえ
春になると、たんぽぽの黄色い
きれいな花がさきます。
二、三日たつと、その花はしぼ
んで、だんだん黒っぽい色にかわ
っていきます。そうして、たんぽ
ぽの花のじくは、ぐったりと地面
にたおれてしまいます。
けれども、たんぽぽは、かれて
しまったのではありません。花と

※視写用の教材は既習単元か、そのとき学習している単元を使います。

②子ども用の用紙を作成する

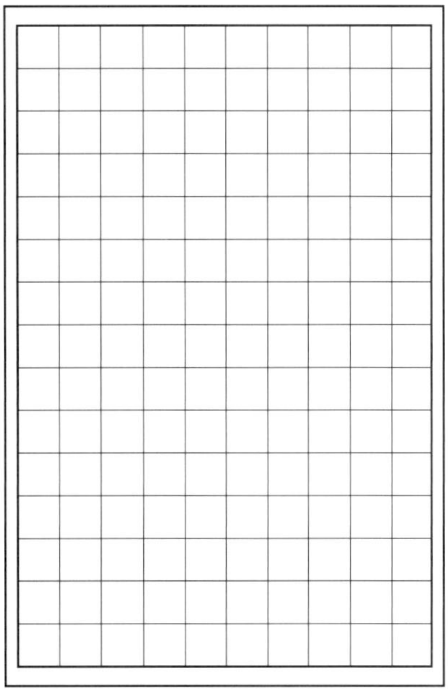

※マスは子どもたちの実態に合わせて12～15マスにします。

長文視写◎教科書教材を使う

7月から始めた視写の力がついてきたら、教科書教材を使って、長文の視写に挑戦します。教科書教材を視写することで文章表現をより深く定着させ、その教材の読解を深めます。（「視写を始める」は100ページ。）

すすめ方

必ず1行ずつ一斉に進める

①教科書の写すところを音読します。

②教科書を横に置いて教師の指示に合わせて1行ずつ一斉に書いていきます。書けた子は手を膝に置いて全員が書けるのを待ちます。1行ずつ一斉に書くと、急いで書いて雑な字になる子が減ってきます。

③原稿用紙が1枚書き終えたら、自分で、教科書を見て漢字のまちがいや句読点が抜けていないか確認します。

④自分で見たら、次はとなり同士でしっかりと確認させます。となりの子の視写がていねいに正しく書けているか教科書と比べます。この学習はかなり高度な学習です。他の子の書いたものを確認する作業を通じて、その子自身の文を見る力も伸びていきます。

⑤ていねいに書けていたら、となりの子がサインをします。サインをする・されるを子どもたちはとても喜びます。

ポイント・工夫

机間巡視でほめたり、まちがいをチェックしたりする

子どもが書いているときに机間巡視をしながら、子どもをほめていきます。「ゆっくりていねいに」が定着してくると、しだいに速くきれいに書けるようになります。書いた視写はファイルに綴じましょう。たまっていくことで達成感が味わえます。

まとめや次への見通し

①教科書教材を継続して写すことで、書くことを苦にしなくなっていきます。

②少しずつでも写していくと、年度末には自分だけの「手書き教科書」ができます。

原稿用紙に書く練習もかねて

原稿用紙見本　16字×10行　1マス10mm
（※見本は80%縮小してある）

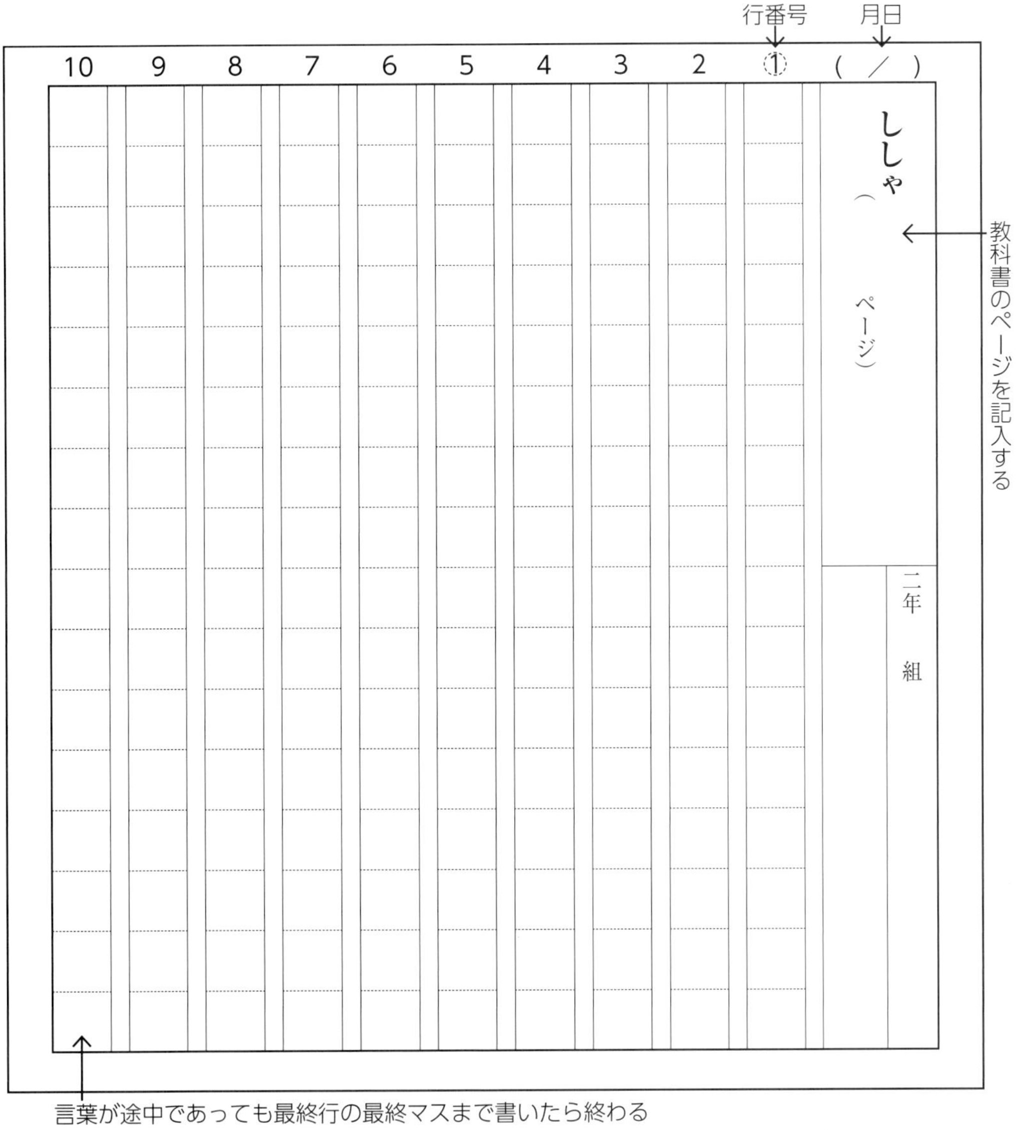
行番号
月日
10
9
8
7
6
5
4
3
2
①
（　／　）
ししゃ
（　ページ）
二年　組
教科書のページを記入する
言葉が途中であっても最終行の最終マスまで書いたら終わる

1日のできごと日記

その日のできごとをふり返り、短時間で文章化します。２学期から毎日継続的にとりくむことで、文章の表現力、表記の仕方、漢字力をきたえることができます。

すすめ方

帰りの会で専用プリントを使って

○日記プリントかノートを作る

ノートを使う場合は、２冊用意したほうがいいでしょう。１冊だとその日のうちに赤ペンを入れて翌日に返さないといけません。２冊あると、交互に使えて教師が赤ペンで一言入れるのに余裕が出てきます。

日記プリントを使う場合は散逸しないようにファイルを用意して綴じさせます。

○１日の中で心に残ったことを書く

帰りの会で、日記を書く時間をとります。２〜３分程度で書かせます。１日の時間割を黒板に書いておくと、日記のヒントになり、書きやすいです。その日に一番心に残ったこと、おもしろかったことを書かせます。会話文から書かせたり、「楽しかった、おもしろかった」という言葉を書かないようにさせることもあります。習った漢字は使うように指示します。

書けた子は提出し、学級の仕事をします。窓を閉めたり、本の整理をしたり、簡単な掃除をしたりします。

ポイント・工夫

学級通信にのせて交流する

教師は提出された日記をさっと読みます。その日のうちに紹介したほうがいいなと思った日記は、その場ですぐに読みます。あとで、学級通信に載せた方がいいと判断したものは、次号に載せます。また通信に載せたり、読みあげたりしてほしくない日記には印をつけておくように、日記を書く前に必ず言います。

まとめや次への見通し

①文を書き慣れることが目的です。続けることで書く内容がよくなります。
②習った漢字は使わせます。漢字を使うことで、文に深みが出てきます。

日記指導は続けることが大切

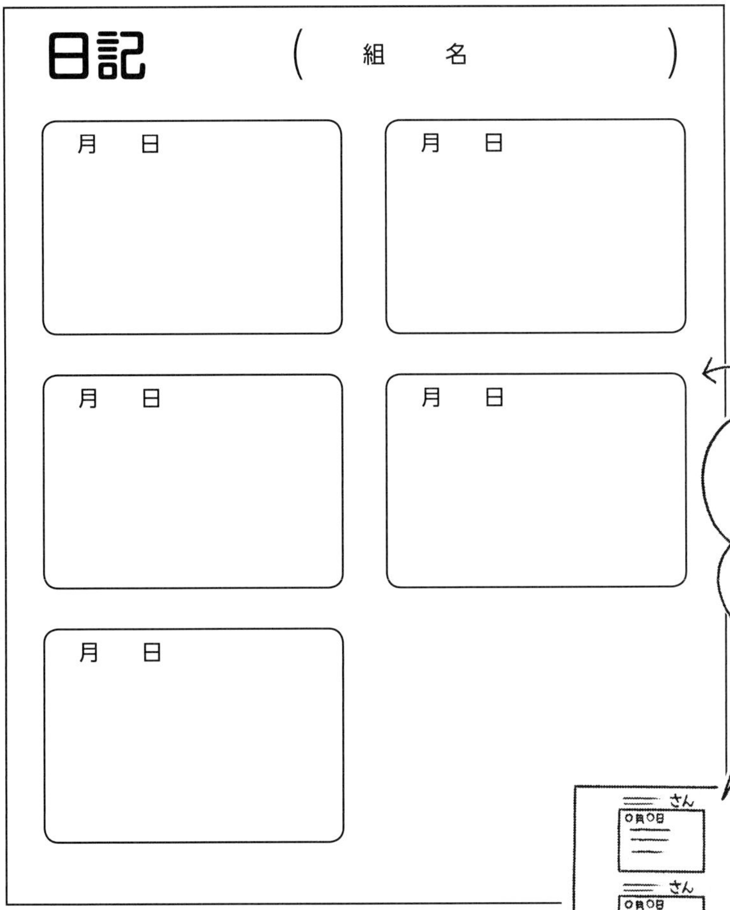
日記　（　組　名　）

月　日

月　日

月　日

月　日

月　日

実物はＡ４サイズ

こんなプリントを用意します
学級通信にのせたい部分をコピーしてはりつけるだけでOK!
のびのび
遠足楽しかったね
２年○組
さん
○月○日

★読みあげたり、通信に載せてほしくない日記には印をつけさせます

Ａ５判のノートを裁断機で半分に切る

ノート
9月9日(火)
9月10日(水)
今日わたしは…

★ノートを使う場合は２冊用意します

筆算１◎２桁のたし算

筆算のたし算で一番難しいのは、くり上がりのある計算です。位取りの意味をつかみ、まちがえずに計算する方法を段階的に教えていきます。

すすめ方

教えるポイントは三つ

筆算の２桁たし算では、「78＋35」のように一の位も十の位もくり上がる計算がもっとも難しいのですが、導入では次のことをポイントに教えます。

○１年生の基礎計算ができていること

```
  25
+13
```

左の問題では、「５＋３」「２＋１」の計算が必要です。筆算という形式であっても、もとは１年で学習した１桁同士のたし算ができているかがポイントです。教師は学級の実態を把握し、力不足の子どもがいれば復習をさせておきます。

○位取りの意味をつかませること

２桁のたし算の位取りを右ページのように、タイル、数え棒などを使って視覚的に教えます。このとき、子どもたちが一の位・十の位を意識するように、教師はタイルを置きます。

○筆算が正しく書けること

次に、数字で筆算を書かせます。最初は教師と一緒に、位置を確かめながら一斉に書いていきます。このとき右ページのようにノートにマス目を書かせるとよいでしょう。こうすると一の位・十の位を意識することができます。

「32＋７を筆算で解きましょう」と問題を出すと、ノートには３種類の筆算が書かれます。

```
  32        32       32
+  7      +7        +
```

わかったつもりでもノートに書かせると、位ごとにたすことがあいまいになっています。ミスから正しい書き方を学ばせていきます。

ポイント・工夫

くり上がりのある計算では補助数字の書き方を指導する

```
   36
+  48
  714
```

左のようなミスが出てくることがあります。十の位にくり上がった「１」を補助数字として書かせることが大切です。教室で書く場所を決めておくとよいでしょう（教科書によって位置はまちまち）。

まとめや次への見通し

①ここで上の３ポイントと補助数字の書き方を定着させておけば、「78＋35」のようなくり上がりが２回ある「大きい数の筆算」の単元でも理解がスムーズにいきます。

◎タイルを動かして視覚的に教える

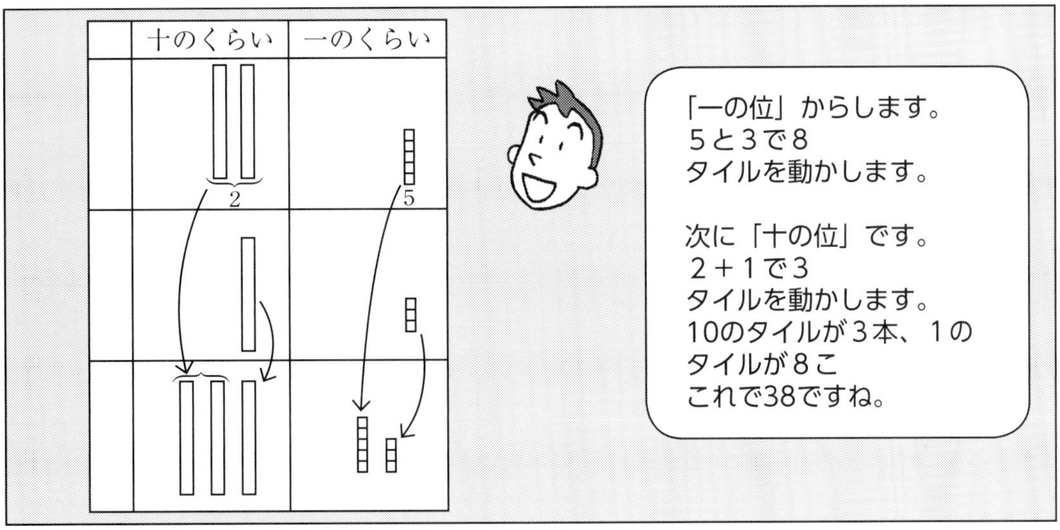
十のくらい
一のくらい
2
5
「一の位」からします。
５と３で８
タイルを動かします。
次に「十の位」です。
２＋１で３
タイルを動かします。
10のタイルが３本、１の
タイルが８こ
これで38ですね。

◎ノートの罫や定規を使って正しく書く

マス目のない算数ノートのときは横にして

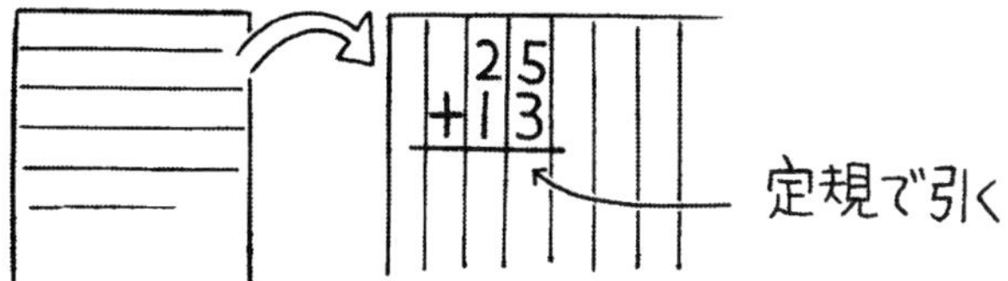
25
+13
定規で引く

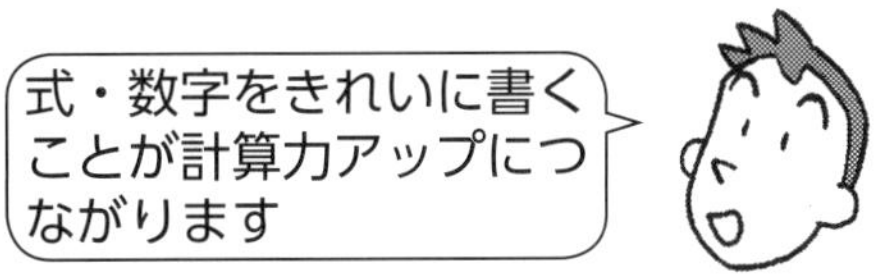
式・数字をきれいに書く
ことが計算力アップにつ
ながります

①正しい位置に書けていない子

②大きくらんざつに書く子

③小さすぎる字を書く子

④マス目にていねいに書く

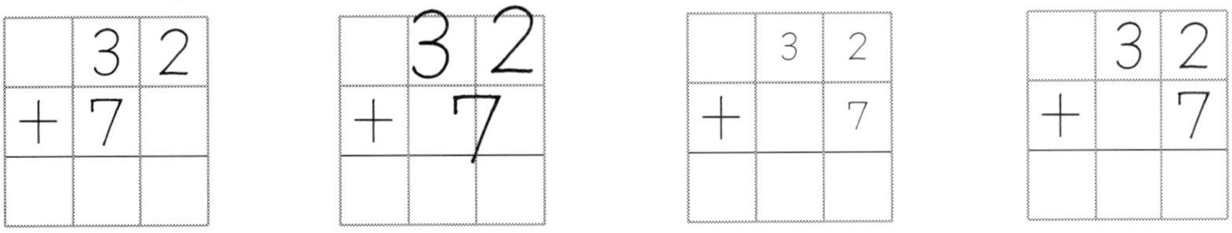
32
+7

◎こんな実践　くり上がりでは「くりちゃん登場！」

私はくり上がりを印象づけるのにを使っています。から○へ、○から「1」へと変身させていきます
34
+28
くり上がるから
くりをおくよ

聴写で書く力・聞く力を伸ばす

聞くということは学習の基本です。授業では聞く力が求められます。教師の話や質問、指示を聴き取って、考えないといけません。聞く力を伸ばす一つの方法が聴写です。

すすめ方

聴写を全員で！少ない文字数から

○視写ができるようになったら

視写ができるようになってきたら、聴写（聞き写し）をさせましょう。授業始めの５分を使います。聴写はかなり集中力を必要とします。視写は個人ですることもできますが、聴写は全員が同じ速さでとりくみます。習った文字を使いこなす力をつける効果もあります。

慣れるまでは、少ない文字数で書きやすいようにサポートが必要です。

教　師：中国の北の方、中国・北・方は漢字で書きます。

子どもたちは、右ページのようなプリント（ノートでも可）に書いています。だいたい書けた頃を見計らって、

教　師：モンゴルには、　モンゴルはかたかなです。

教　師：広い草原が広がっています。広い・草原・広がっては漢字です。送り仮名に気をつけて書きましょう。

という具合です。

時間がきたら、文の途中でも終わります。

ポイント・工夫

連絡帳も聴写で！

ときには、連絡帳を聴写でやるのもいいでしょう。ゆっくりと教師が読みあげます。教室にシーンとした雰囲気をつくることができます。より真剣に連絡を聞くので忘れ物も減ります。

まとめや次への見通し

①聞く力を伸ばすのに、効果的なのが聴写です。

②聞く力は子どもの人格や学力を高めていくうえで大切な営みです。毎日少しずつとりくむと、３学期までに集中力や聞く力が驚くほど育ちます。

授業始めの短時間を使ってとりくむ

先生の言ったことをよく聞いて
プリントに書いていこうね
姿勢をよくして 足のうらを
床につけて…
「中国の北の方…
中国の…

10 9 8 7 6 5 4 3 2 1 （ ／ ）

ちょうしゃ

2年 組

原稿用紙見本　16字×10行　1マス10mm（80%縮小してある）

筆算２◎ひき算

２年生の筆算でするひき算では、「102 − 37」のような十の位が空位でくり下がりが２段階ある計算が一番難しい問題です。筆算でするひき算に慣れる段階からスモールステップで教えて、計算に習熟させます。

すすめ方

教えるポイントは三つ

ここでは、どの子にも計算の仕方を定着させ習熟させるためのポイントにしぼりました。

○筆算の立式をするときは位がそろうように書かせる

74
−52

筆算という形式であっても「４－２」「７－５」のように、もとは１年生で学習した計算のやり方と同じであることを理解させます。そして筆算の立式をするときは、たし算と同じように位がそろうように、マス目のあるノートや点線で位をくぎって書かせます。

○上の数から下の数をひくことを徹底して計算練習をする

ここで重要なことは、必ず一の位から計算することと、上から下をひくことの二つを押えることです。そうしないとくり下がりのある筆算で、下から上をひくようなまちがいをします。

○くり下がりのあるひき算の筆算では補助数字を必ず書かせる

7 1
83
−19
64

タイル、数え棒などを使って位取りを意識して、計算の仕方を唱えながら進めます。

十の位からくり下がるところで、必ず補助記号の斜線と補助数字を記入させます。

補助記号や補助数字の書き方は教科書によってまちまちですが、教室や学年で統一するとよいでしょう。

ポイント・工夫

１年生で学習したくり下がりができているか

くり下がりのあるひき算の筆算では、横算のくり下がりの計算を復習し、全員ができているかを確かめてから進めます。また十の位から「10」をもってくる言い方は、「借りる」より「もらう」のほうが子どもの混乱はありません。

まとめや次への見通し

①「３けた－２けた」で２段階くり下がる難しい計算も、上の三つのポイント押えて、それぞれの段階で計算を習熟させることで、理解が進みます。

◎スモールステップで教える筆算のひき算

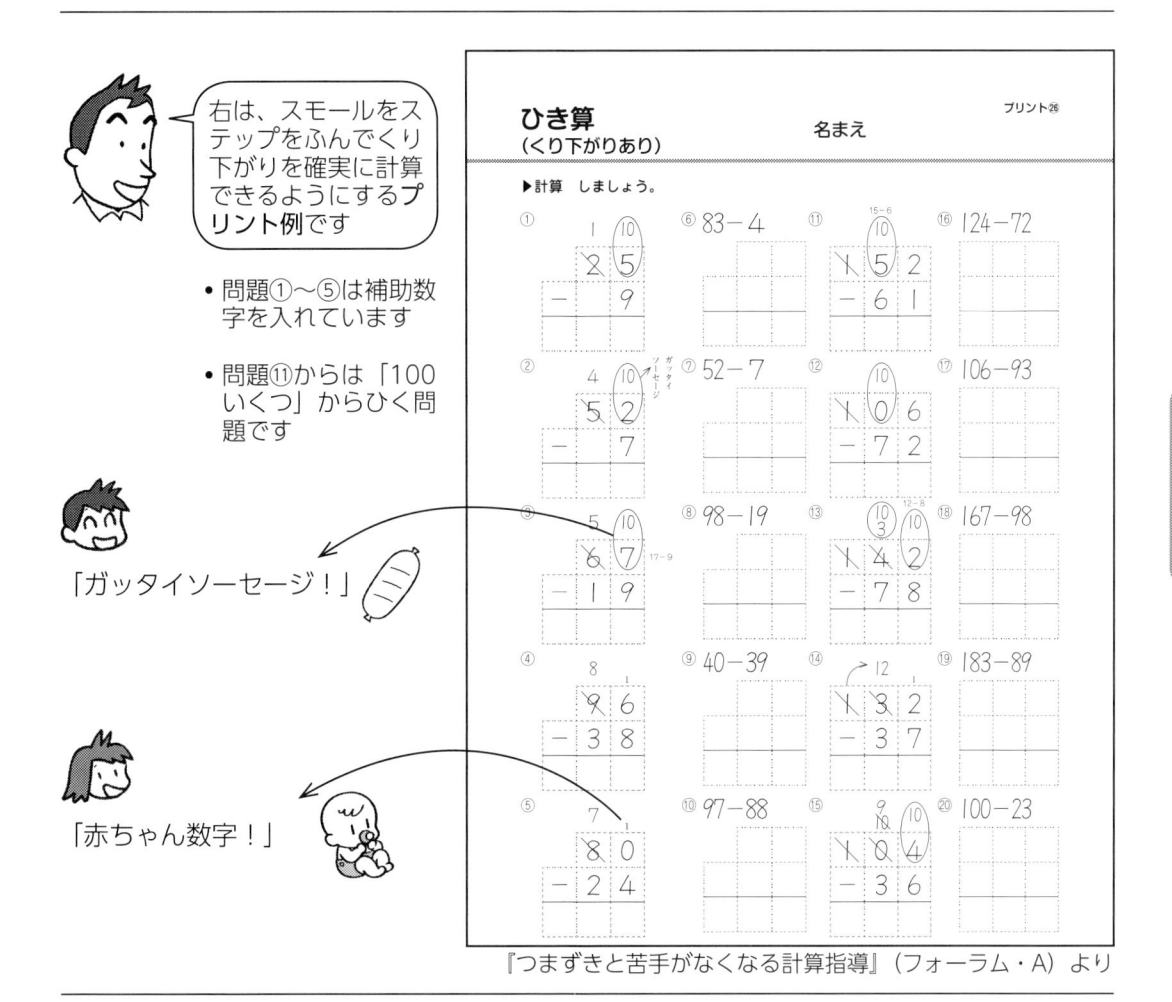

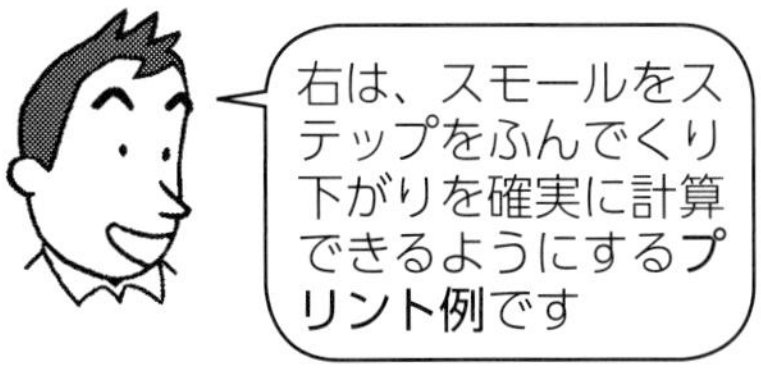
右は、スモールをステップをふんでくり下がりを確実に計算できるようにするプリント例です

- 問題①～⑤は補助数字を入れています
- 問題⑪からは「100いくつ」からひく問題です

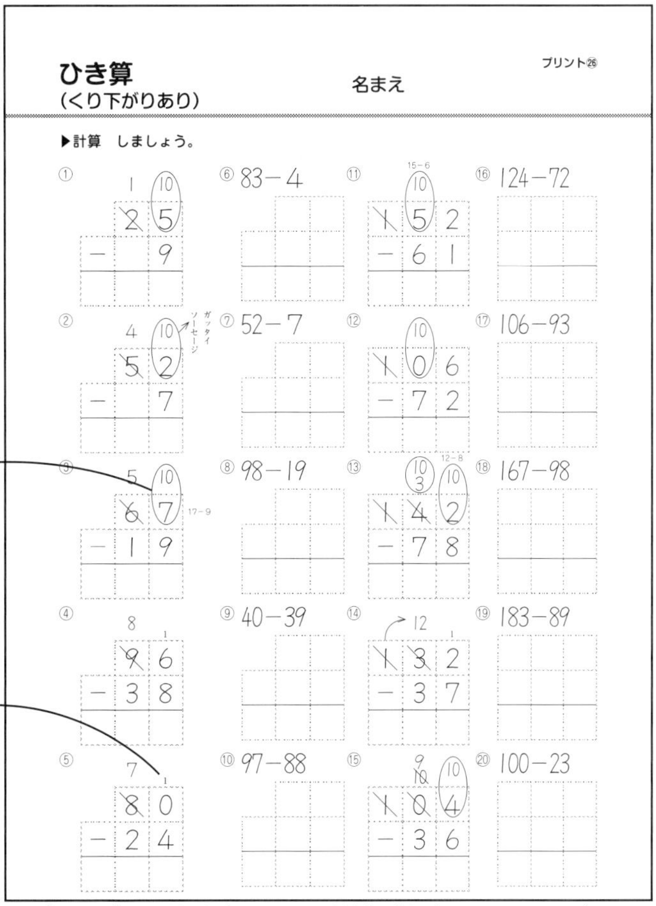
ひき算
(くり下がりあり)
名まえ
プリント㉖
▶計算　しましょう。
① 25－9
② 52－7
ガッタイソーセージ
③ 67－19
17－9
④ 96－38
⑤ 80－24
⑥ 83－4
⑦ 52－7
⑧ 98－19
⑨ 40－39
⑩ 97－88
⑪ 152－61
15－6
⑫ 106－72
⑬ 142－78
12－8
⑭ 132－37
⑮ 104－36
⑯ 124－72
⑰ 106－93
⑱ 167－98
⑲ 183－89
⑳ 100－23

『つまずきと苦手がなくなる計算指導』（フォーラム・A）より

「ガッタイソーセージ！」

「赤ちゃん数字！」

◎補助数字は楽しい名をつけて印象深く

【ガッタイソーセージ】

十の位からもらってきた「1」を忘れないように一の位の上に「10」と書き上プリント①番のように長丸で囲む

合体させるので

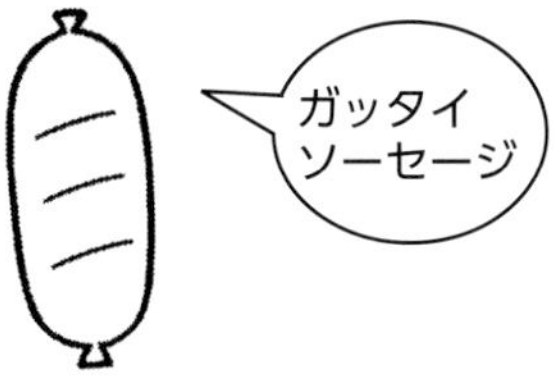
ガッタイ
ソーセージ

【赤ちゃん数字】

上プリント④のように十の位からもらってきた「1」を一の位の上に書く

小さい「1」なので

赤ちゃん
数字

九九指導１◎意味をつかませる

かけ算九九は、２年生の算数で最重要教材です。すべての子が九九を理解し、体に覚え込んだという域に達するほど、みっちりと覚え切るようにさせます。

すすめ方
かけ算の三つの意味

○一つ目の意味

１あたりの数×いくつ分＝全体の数　を出すときです。

「同じ数ずつ」あるものを「１あたりの数」として考えて、それがいくつ分あるかを教えます。

○二つ目の意味

面積をもとめるときです。たての長さ×横の長さ＝面積

○三つ目の意味

倍を求めるときです。３㎝の４倍は12㎝という場合です。

○１あたり量

２年生でおもに学習するのは、一つ目の「１あたりの数×いくつ分＝全体の数」です。２年生の子どもたちの頭の中には、たし算とひき算の概念しかありません。かけ算は子どもたちにとって、新しい認識の世界を開くものです。

自分の身のまわりから、「同じ物が○この集まりが□つ」を見つけます。かけ算は２の段から始めます。二つずつで１組になっているものを考えさせます。「自転車の車輪・うさぎの耳・めがねのレンズ」とたくさん出させます。

ポイント・工夫
文章題づくり

「自転車が５台とまっています。車輪はいくつありますか」。この問題を立式するときに、名数・単位を忘れないように強調します。式の意味を正確につかませるためです。２こ／台×５台＝10こ　「／台」は１台あたり○こという意味です。

まとめや次への見通し

①本格的な九九指導の前に、身近なものを使って、かけ算の意味をつかませることが大切です。

かけ算の意味もスモールステップで

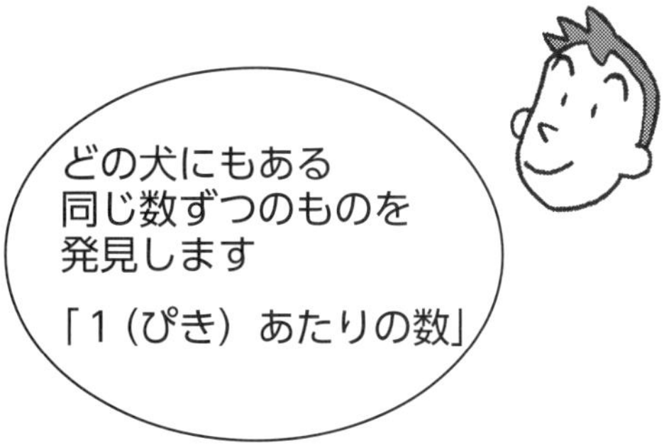
どの犬にもある
同じ数ずつのものを
発見します
「1(ぴき) あたりの数」

足とか耳とか目とかだね

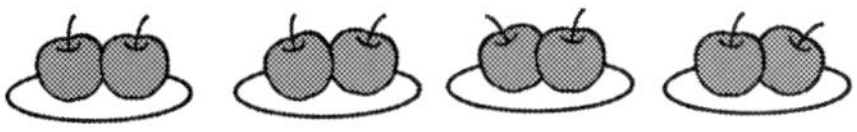

1(さら) あたり　2こ　4さら分

りんごは1さらあたり
2こありますね。
なんさら分ありますか

1(さら) あたり　4こ　3さら分

1あたりの数×いくつ分=ぜんぶの数

(タイル図)

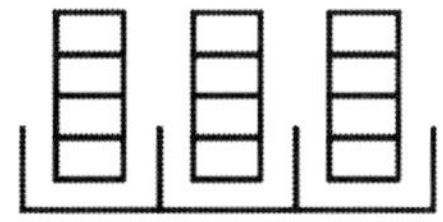

4×3=12

→具体物(りんご)を
半具体物のタイルにおきかえて
次の数字につなげます

1さらあたり4こで
3さら分です
ぜんぶでりんごは
なんこですか

九九指導２◎検定をいかして力をつける

九九は正確に速く言えるようにさせないといけません。九九検定のとりくみを通して確実に九九を覚えさせます。発展として九九表を通じて数の不思議さも教えていきます。

すすめ方

九九の練習と九九検定の進め方

○九九検定

検定は、それぞれの段のかけ算の学習が終わったら始めます。九九カードをくりながら、20秒から30秒で言えたら合格です。上がり九九（「二一が二」、「二二が四」…）、下がり九九（「二九・十八」、「二八・十六」…）、ばらばら九九の順です。

○練習は一斉と個人の両方でする

毎日１回は一斉に唱えさせます。「今日は、７の段の上がり九九を言います。よーい、スタート」（30秒でストップ）。「30秒で言えた子は、先生の前でテストです」。

合格したら検定カードにシールを貼ったり、スタンプを押したりします。一斉指導と個人指導の両方で進めます。

○段の進め方はサンドイッチ方式で

教科書では、２の段→５の段→３の段→４…の順に進むようになっていますが、これだと覚えにくい７の段、８の段のところまでたどり着いたときには九九疲れでますます覚えられず、進むスピードが落ちてしまいます。簡単な段と、難しい段をサンドイッチのように進めていくのもいいでしょう。やる気のあるときに、７の段、８の段をやる方法もあります。

ポイント・工夫

唱え方を教える

２の段を見ると「二一が二、二二が四、二三が六、二四が八」と最初の四つに「が」がついていますが、「二五・十」となり、積が２桁になると「が」がつきません。唱え方でつまずかないように指導します。

まとめや次への見通し

① 九九がよどみなく言えることが目標です。

② 九九がすらすら言えるようになったら、次にマス九九かけ算に移ります。

（見本）

九九けんていカード★

2年　　組　名まえ（　　　　　　　　　　　）

九九	上がり九九	下がり九九	ばらばら九九	タイム
2のだん				びょう
5のだん				びょう
7のだん				びょう
3のだん				びょう
8のだん				びょう
4のだん				びょう
6のだん				びょう
9のだん				びょう
1のだん				びょう
10のだん				びょう
0のだん				びょう

※２の段から10の段まで、上がり九九→下がり九九→バラバラ九九→タイム計測の順に進めます

※バラバラができたら、九九はマスターしたと考えてOKです

ぜったい力がつく九九の練習法（各段ごとに）

①上り九九（×１から）が正確に唱えられるまでは、おうちの人は根気よく何度もくり返し聞く。

②正確に言えるようになったら、上り九九を10秒以内に唱えられるまでタイムを計る。

③下がり九九（×９から）を15秒以内に唱えられるまで励ます。

④バラバラ九九を20～30秒で言えるようにします。

三二が六
三五十五
三九二十七
九九けんていカード
やったね
20秒で
できたよ
合格シールを
はりましょう

学習作文にとりくむ

学校での中心的な活動である学習についても、作文のテーマとしてとりあげることで文の表現が広がります。２学期の終わりごろからとりくみます。

すすめ方

準備をしっかりと

○作文を書かせる前に、作文メモをつくる

いきなり書かせると、子どもは焦点がしぼれずにだらだら書くことになります。まず、書こうと思うことを国語ノートなどにメモさせます。

メモ作成では、第一に何について書くかを決めさせます。次に、友だちとの会話文、思ったこと、感じたこと、まわりの様子などを箇条書きにします。

○テーマ「長縄の練習」を例に

体育で練習した長縄について書くことを例にとります。

- テーマ：長縄の練習
- 友だちから言われたこと：「がんばれ。」「どんまい。どんまい。」
- 思ったこと：失敗したときに「どんまい。どんまい。」と励ましてくれた。そのときに、頑張ろうと思った。次はひっかからないように、足をしっかり上げようと思った。
- まわりの様子：みんなが声を必死でかけてくれていた。地面に長縄のあとがついていて、そこだけ砂がなくなっていた。

メモの段階で、何人かに発表させてもよいでしょう。友だちの発表を聞くことで書くことのイメージが膨らみます。

○机間巡視で個別に指導

教師は机間巡視して、書くことが見つからない子には、メモを見ながら「ここではどう思ったの」「そのときまわりはどんな様子だったの」「長縄がどんなふうに見えたの」などと声をかけ援助します。またうまく書けている作文を読んで他の子に知らせます。

ポイント・工夫

作文ぎらいをつくらない

かなづかいの誤りを見つけたら、その場で書き直しさせます。ただし教師が赤ペンを入れすぎて負担にならないよう心がけます。

● まとめや次への見通し

①毎月、学習に関わるテーマを決めて、継続的に書かせていきます。

学習作文（例）

25回から207回までのびた長なわ

河原　琴絵

　今日、めざしていた長なわ3分間で200回をたっせいしました。さいしょは、たったの25回で、30びょうかんで、4回。1分間で8回。12月20日の164回のとき先生が「さいしょ25回やで。」といって、みんな「へたやってんな。」といっていました。今の207回と25回のさは、182回でとてもせいちょうしたんだなとおもいます。25回のときは、長なわをしてひっかかったり、とばなかったら、「ちゃんととべや。」「はよいけ。」といって、けんかばかりで心が一つにぜんぜんなっていなかったし、長なわチャレンジのときでさえ、けんかをしていたけど、今は、「ハイ、ハイ。」というこえとかいすうのこえしかなかったから、207回いったんだと思います。今日は、207回とべてめちゃうれしかったです。2年1組はせいちょうしたんだと思います。2年1組はいいクラスになったと思います。

九九指導３◎マスかけ算を始める

九九を覚えただけは未完成です。どんな九九の計算も瞬時に答えられるようになっておかなければ、活用することはできません。完全に覚え切ることが必要です。そこで九九のマス計算をします。

すすめ方

マスかけ算の指導手順

○マスかけ算を始める前に準備すること

①九九を正確に速く唱えさせる

九九検定ですべての子が合格したら、もう一度九九のカードを使って、すべての九九が言えるかをチェックします。まちがった九九はカードを使ってくり返し練習してどの九九も唱えられるようにしておきます。

②６から８の段をプリントで練習する

九九でまちがいが多い６から８の段の九九をばらばらにしたプリントで練習をします。

○マスかけ算の始めはみんなでする

最初は９マス計算からです。子どもたちと一緒に「６×６＝36。６×２＝12」と唱えながら答えを書き込んでいきます。答えを書きながら、マス計算のやり方を理解していきます。

○マスを増やしていく

９マス、25マス、と子どもの様子を見ながら段を増やしていきます。カードやプリントで九九ができていても、マス計算になるとまちがう子がいます。マスかけ算のプリントでも確実に九九ができるかを確認します。答え合わせをし、まちがい直しもさせます。

ポイント・工夫

苦手な子への対応

マスかけ算の指導は、全体指導とともに、休み時間や給食の待ち時間、放課後を使って個別指導をします。九九のチェックカードを作り、すぐに言えたら○、あやふやだと△、まちがったら空欄にします。△と空欄の九九を練習させます。うまく言えるまで練習させて聞きます。それができたら、マス計算を１段ずつ練習させます。

まとめや次への見通し

①少ないマスから始めます。

②１週間程度はゆっくり指導し、次項の100マスに進みます。

マス計算、事前の準備をていねいに

① カードで九九の練習

② 6〜8の段のばらばらにしたプリントで練習します

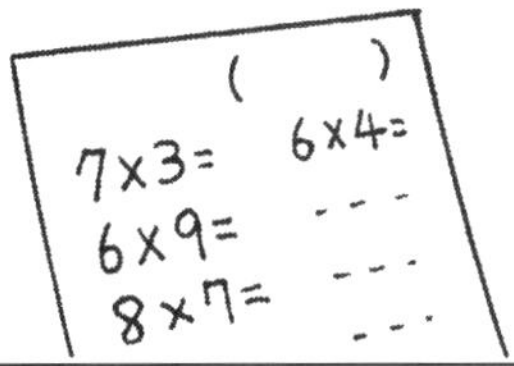

③ 苦手な子は個別指導

④ みんなではじめてするマス計算

×	3	7	4	1	9	6	2	8	5
6									

100マス計算の最大のポイントは、すぐにタイムを計らないこと

100マス計算にとりくむときの最大のポイントは、すぐにタイムを計らないことです。100マスプリントをあたえてすぐに「よーい、ドン」ですると「できた」という声はあちこちから聞こえてきますが、10分、15分たってもできない子がいたりします。スタート時点であまりに差が開くと、遅い子どもが意欲的になりにくいし、時間をかけすぎると速くできた子も意欲をなくします。

2年生や3年生の子どもは競争が好きです。教師は、好きな競争にどの子も意欲的にとりくめるよう事前の準備をていねいにしましょう。プールに入るときに、いきなり飛び込みませんね。100マスも同じです。

九九指導４◎100マスかけ算で習熟させる

高学年で算数の成績がふるわない子は、例外なく計算が遅い子です。かけ算も、理解と習得だけに安住するだけでなく、習熟できれば熟達の段階にまで引き上げていきたいものです。

すすめ方

かけ算九九はみっちりと練習する

○いよいよ100マスかけ算

「今から100問をすることにします。あわてなくてもいいから、落ち着いて計算してください。100マス計算をしている途中で休憩したり、よそ見してはいけません。全部できたら『はい』と手を挙げてください。先生がタイムを言いますから《　　分　秒》と書いてあるところに書き込んでください。人と競争するのではありません。自分との競争です。昨日より今日、今日より明日。少しずつタイムや正確さが伸びることが大切です。自分を自分で成長させるのです」

○毎日練習、記録を残す

２年生では４分以内を目標にします。これはあくまでも指標です。クラスの実態に合わせて、目標は定めます。何回するのかも、決めるのは担任の判断です。大事なことは、ある期間は継続することです。途中でやめてしまうと力はつきません。タイムをはかり、記録することで子どもたちのやる気を持続させ、計算力をつけます。

○×０について

教科書では３年生で学習しますが、100マス計算をするうえで「０×３＝０」と教えておきます。

ポイント・工夫

伸びを励ます、認める

タイムをはかり、昨日より記録が伸びた子に手を挙げさせ、みんなで拍手をします。クラスで立てた目標に達することができたら、給食の時間に牛乳で乾杯するものいいでしょう。学級通信にがんばりを書いて保護者に知らせましょう。

● まとめや次への見通し

①100マス九九練習は九九練習の総仕上げです。速く・正確にできるように練習をさせます。
②３学期も継続して練習させ、定着させます。

100マス計算　100題のつくり方

横列Ａ～Ｊと縦列ア～コの組み合わせで
100マス計算のかけ算とたし算が100題できます。

	A	B	C	D	E	F	G	H	I	J
ア	7	6	2	5	9	3	4	0	8	1
イ	1	7	0	2	6	9	5	3	4	8
ウ	0	4	9	7	3	5	8	2	1	6
エ	8	5	7	0	2	1	3	9	6	4
オ	3	0	6	4	8	7	1	5	9	2
カ	5	3	4	1	7	0	6	8	2	9
キ	4	2	1	9	5	8	7	6	0	3
ク	6	1	8	3	0	2	9	4	7	5
ケ	2	9	3	8	4	6	0	1	5	7
コ	9	8	5	6	1	4	2	7	3	0

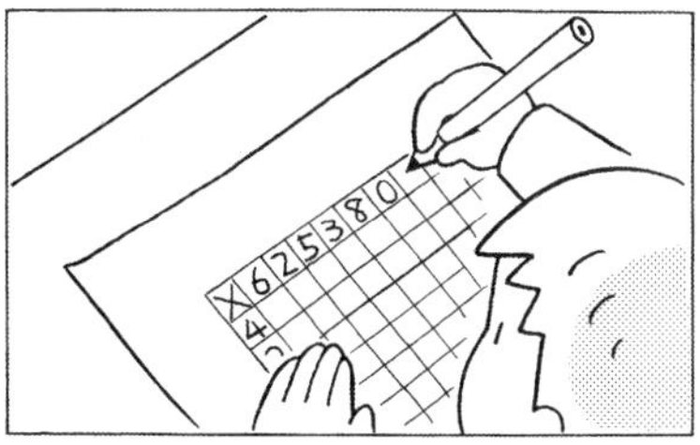

×	7	6	2	5	9	3	4	0	8	1
7										
1										
0										
8										
3										
5										
4										
6										
2										
9										

月　日《　分　秒》

おすすめの実践

いろはかるた・百人一首

遊びの中で音読ができ、言葉の意味やリズムを楽しく味わえる「いろはかるた」や「百人一首」を活用します。

２年生でも、遊び感覚でできる「いろはかるた」や「百人一首」は楽しんで親しむことができます。絵本を音読するほど難しくはありません。知らず知らずのうちに言葉やことわざを覚えます。

１．いろはかるた

いろはかるたには、江戸かるた・浪花かるた・京かるたなど数種類あって、それぞれ内容が少しずつ違っています。「い」は、江戸かるたなら「犬も歩けば棒にあたる」、浪花かるたなら「一を聞いて十を知る」、京かるたなら「一寸先は闇」という具合です。ことわざとしても意味があり、実用的です。２年生の生活の中で、役に立つ教訓が入っています。七五調などのリズムもあり、簡潔で日本語として唱えやすいです。

班で１セットのいろはかるたを用意して、カルタ取りをします。朝の会で毎日、一つか二つずつ黒板に書いて、音読をさせます。次の日は昨日の、いろはカルタを再度音読させます。できれば覚えさせます。そして、「今日のカルタ」として一つか二つのカルタの内容を教えます。

２．坊主めくりから

百人一首は、「ぼうずめくり」など和歌がわからなくても絵だけでも楽しめる活動から始めます。

坊主めくりは読み札をよくきって真ん中に積み上げ、順番に一人１枚ずつ札を取っていく遊びです。ひいた札が男性だったらそのままもらえ、坊主だったら今までひいた札をすべて中央に置きます。女性札をひいた人がその中央に置かれた札をもらえ、中央に置かれた札がない場合はもう１枚ひくことができます。

３．百人一首の音読

子どもが札にある歌の意味を尋ねた

ら、簡単に説明してやります。１枚ずつ説明する必要はありません。

坊主めくりに慣れてきたら、今度は下の句の札を机に並べ、札を取るカルタ取り（散らし取り）に挑戦します。下の句は、すべてひらがなで書いてありますから、大人が読み札を読めば、２年生でも遊ぶことができます。

クラスが30人なら15セット用意します。一度に100枚は難しいので、２人１組にして１組に20枚ずつ渡します。

20枚をまず音読します。教師と一緒に上の句と下の句を音読します。そのあとで、上の句を教師が読み、下の句が子どもが読みます。

４．百人一首の試合

音読の練習が何度かできたら、源平戦で２人で試合をします。となりの子と机をつけます。自分の机に10枚。相手に10枚並べます。

①手は膝に置きます。

「淡路島　かよう千鳥の　なく声に
いくよねざめぬ　須磨の関守」

②教師が読みはじめたら、下の句を取ってもいいのです。

③２人が同時に札を押えた場合は、じゃんけんをして決めます。

④まちがった場合（お手つき）は、自分が取っている札を出します。

「淡路島　かよう千鳥の　なく声に
いくよねざめぬ　須磨の関守」

「いくよねざめぬ　須磨の関守」

下の句を２回読みます。静かになったら、次の札を読むことをルールとします。

総漢字復習

それまでに習った漢字をすべてもう一度練習します。確実に漢字の定着がはかれるように、3学期の始めから練習をつんでいきます。

すすめ方

1文字総復習プリントを使って練習とテストを

○「読み」を1回、「書き」は学校と家庭で

右ページにある1文字の穴あきの漢字プリントで「読み」と「書き」の復習をします。私は『新漢字習熟プリント2年』（清風堂書店）を使用しています。これは短い文の中に1年間で習った漢字がすべて入っていて、1文字ずつ書く枠になっているので、子どもが書きやすいのです。

まず「読み」のプリントを音読します。「①　ふとい　いとを　つよく　ひっぱった。」とすらすら読めることができれば、「書き」のプリントの練習を学校と家でします。同じプリントを何度かするところがポイントです。練習の回数は子どもの様子を見て決めます。

○ウソテスト

確実にできるまで練習をしたあと、「ウソテスト」と称してテストをし、子どもが「読み」プリントを見て自分で丸をつけ、まちがった漢字は直させます。

○本テスト

本テストも同じプリントを使用しますが、教師が丸をつけます。はね・とめ・はらいができていなければバツです。厳しく丸をつけていき、漢字の定着をはかります。

ポイント・工夫

できれば総復習は2度したい

右の練習計画では、一つのテストに6日間かけています。5枚あるので、30日はかかります。1月後半から始めると、2月中に一度目は終わります。余裕があれば、もう一度総復習をさせます。

まとめや次への見通し

①2年生の学習漢字の復習を3学期の始めから計画的に行うことで、学年末までに160字を定着させます。

そうふくしゅうテスト㈠　読み　月　日　名まえ

◢つぎの　かんじに　読みがなを　書きましょう。

① 太い糸を強く引っぱった。
② 道に鳥の羽がおちていた。
③ 黒い雲の間から光がさす。
④ 午後三時に公園へ行った。
⑤ 今日の遠足は、楽しかった。
⑥ 今、青い海に何か見えた？
⑦ 兄の社会科の教科書を読む。
⑧ 夏休みに近くの岩山へ行く。
⑨ 雨の日は家の中で絵をかく。
⑩ 明るく高い声で歌いました。

そうふくしゅうテスト㈠　書き　月　日　名まえ

◢つぎの　□に　かんじを　書きましょう。

① □《ふと》い□《いと》を□《つよ》く□《ひ》っぱった。
② □《みち》に□《とり》の□《はね》がおちていた。
③ □《くろ》い□《くも》の□《あいだ》から□《ひかり》がさす。
④ □《ご》□《ご》□《さん》□《じ》に□《こう》□《えん》へ□《い》った。
⑤ □□《きょう》の□《えん》□《そく》は、□《たの》しかった。
⑥ □《いま》、□《あお》い□《うみ》に□《なに》か□《み》えた？
⑦ □《あに》の□《しゃ》□《かい》□《か》の□《きょう》□《か》□《しょ》を□《よ》む。
⑧ □《なつ》□《やす》みに□《ちか》くの□《いわ》□《やま》へ□《い》く。
⑨ □《あめ》の□《ひ》は□《いえ》の□《なか》で□《え》をかく。
⑩ □《あか》るく□《たか》い□《こえ》で□《うた》いました。

（『新漢字習熟プリント２年生』清風堂書店）

漢字総復習計画例

1月21日	22日	23日	24日	25日	26日	27日	28日	29日	30日
「そうふくしゅうテスト(一)」	→	→	→	ウソテスト	本テスト	「そうふくしゅうテスト(二)」	→	→	→
【読み】学校で音読	【書き】学校 家で宿題	【書き】学校 家で宿題	【書き】学校 家で宿題			【読み】学校で音読	【書き】学校 家で宿題	【書き】学校 家で宿題	【書き】学校 家で宿題

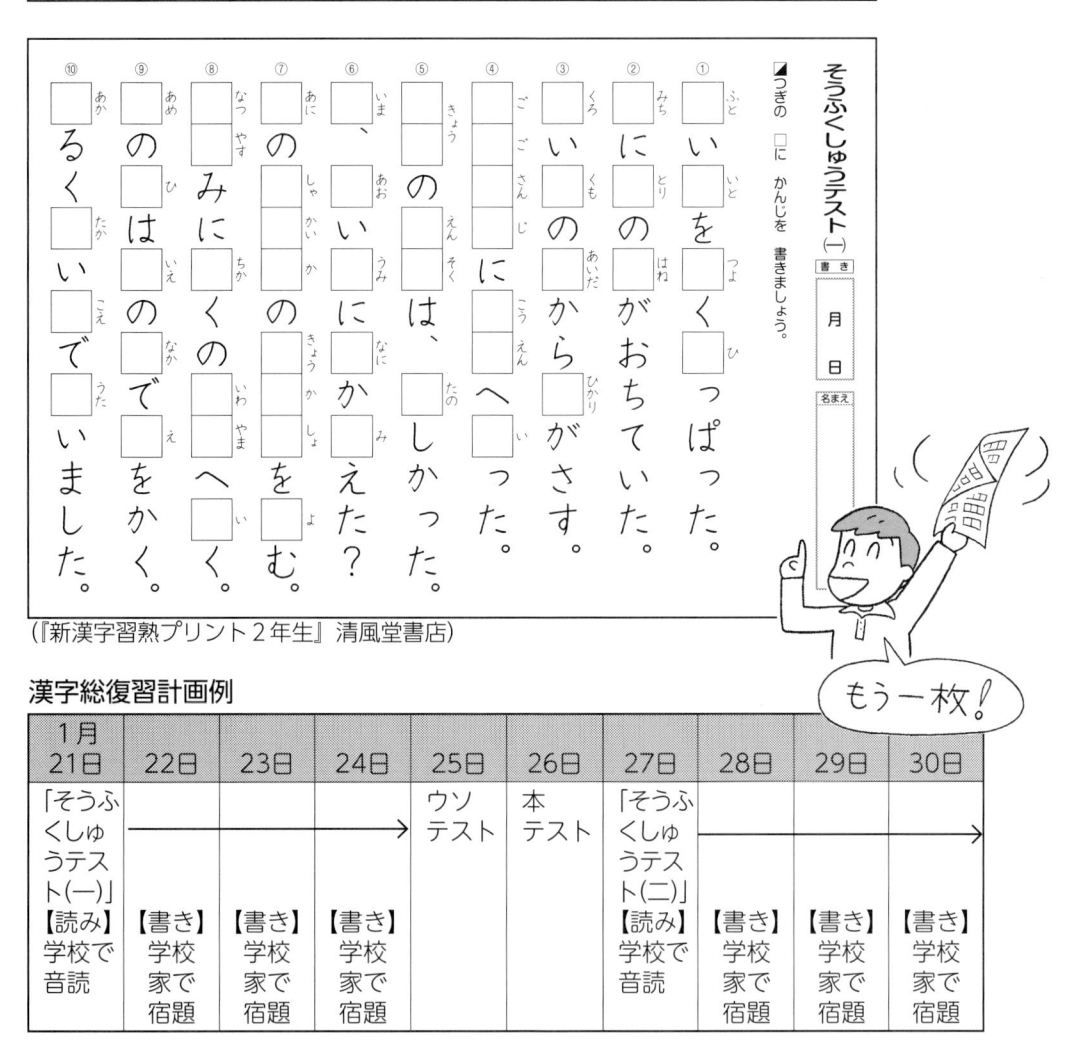

計算力の基礎チェック

1年、2年の計算は、これからの学習の基礎になります。3学期に入ったら、どこがつまずいているかを調べて、さかのぼって練習させる必要があります。

すすめ方

1年、2年の計算力の診断テストを行う

○診断テストのすすめ方

『計算つまずき克服プリント』（フォーラム・A）に診断テストの問題が載っています。この1年と2年を使います。この本には集計ソフトもついていますから、グラフにして、子どもたちの計算力を分析するための資料を作ることができます。学年別の正答率、問題別の正答率もわかります。

右ページの二つの問題は、同じ難易度です。

①をまず実施します。クラスの実態がわかればそれに即して弱点を中心にさかのぼって練習をさせます。

次に、この練習でどれだけの伸びがはかれたかを調べるのに、②のテストをします。そのことで、さらに課題が見えてきます。まだ、不十分な問題を中心に授業や宿題でとりくみ、底上げをはかっていきます。

クラスの子どものつまずき部分がわかればくり返し練習させます。基礎的なたし算・ひき算・かけ算がすらすらできるようにすることが中学年・高学年での計算の土台になります。

ポイント・工夫

さかのぼり・くり返し練習を

診断テストで苦手な部分がわかれば、その計算の定着がはかれるように、練習します。1年にさかのぼって確実にできるようにさせていきます。

まとめや次への見通し

①診断テストをすることで学力実態を把握します。
②診断テストの結果をもとに、つまずいている箇所の練習をプリントなどを使って3学期いっぱいさせます。

①

1年　診断《しんだん》テスト①　名前

① 3＋4＝
② 6＋7＝
③ 8＋9＝
④ 6＋4＋8＝
⑤ 80＋6＝
⑥ 7－2＝
⑦ 10－3＝
⑧ 14－8＝
⑨ 9－2＋4＝
⑩ 67－4＝

②

1年　診断《しんだん》テスト②　名前

① 3＋6＝
② 8＋8＝
③ 7＋9＝
④ 10＋3＋2＝
⑤ 40＋50＝
⑥ 6－4＝
⑦ 15－6＝
⑧ 10－8＝
⑨ 14－4－2＝
⑩ 70－30＝

2年　診断《しんだん》テスト①　名前

① 54 ＋ 23
② 86 ＋ 57
③ 329 ＋ 48
④ 73 － 67
⑤ 104 － 67
⑥ 107 － 68
⑦ 647 － 48
⑧ 6×7＝
⑨ 4×7＝
⑩ 9×6＝

2年　診断《しんだん》テスト②　名前

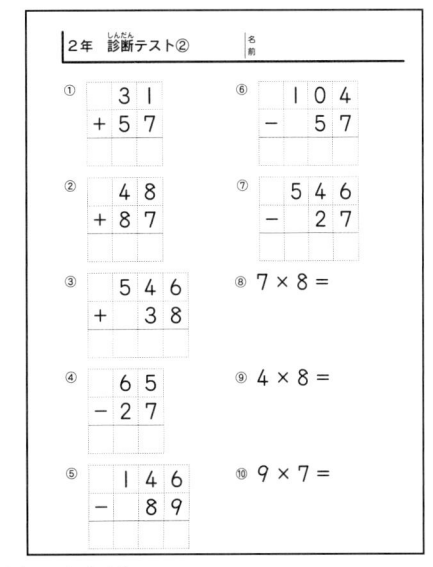

① 31 ＋ 57
② 48 ＋ 87
③ 546 ＋ 38
④ 65 － 27
⑤ 146 － 89
⑥ 104 － 57
⑦ 546 － 27
⑧ 7×8＝
⑨ 4×8＝
⑩ 9×7＝

テスト例『計算つまずき克服プリント』（フォーラム・Aより）

クラスのつまずき、個人のつまずきをデータ化し、苦手を把握します。

↓

右のグラフのようにL字型になるように残りの2か月で練習させていきましょう。

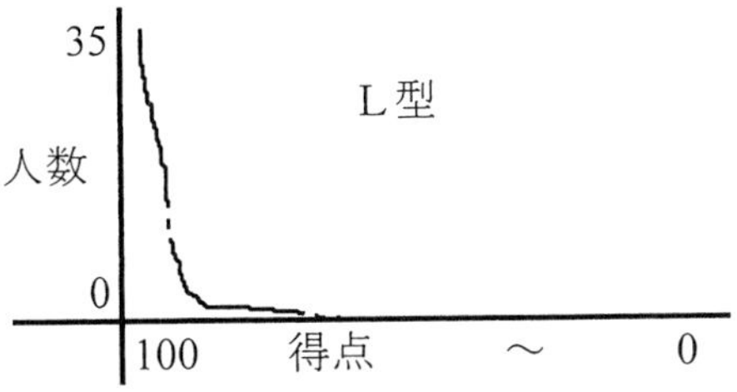

1月・計算

聴記計算にチャレンジさせる

プリントや黒板に書いた筆算ではなく、教師が言う問題を聞いて解くのが聴記計算です。低学年の子は空位のある数字の書き方をよくまちがえます。それにとても効果のあるやり方です。

すすめ方

聴いて立式、そして計算

○聞き取りテスト

「鉛筆は机の上に置きます。先生が、問題を言いますから、ハイと言ったら、鉛筆を持って数字を書きます」

教師が言い終わってから、書かせるのがポイントです。

「第１問は数字が３つです」「３、５、１。ハイ」子どもは、プリントの①番に聞いた数を書きます。「②番です。５、６、８、７、９。ハイ」という具合です。③④番は少したくさんの数字を言います。⑤番からは、問題を変化させます。「三十二。ハイ」と言います。つまり①番から④番は数字を１つずつ言います。⑤番からは、位取りを意識させます。

「⑥番。五百七。ハイ」今度は、十の位が空位です。この問題は子どもたちが一番まちがえやすい問題です。「⑦番。四千十九。ハイ」「⑧番。九千九。ハイ」

○問題を書いて解く

⑨番と⑩番は、筆算を書かせます。聞き取って筆算にしてから、問題を解きます。

ポイント・工夫

リズムよく進めて集中力を養う

教師が問題を言うときには１回しか言いません。一度で聞く習慣を身につけさせるためです。書かせたら、すぐに答えを言います。合っていたら丸をつけさせます。数字を書いて計算すると同時に、聞く力も育てます。

まとめや次への見通し

①つまずきやすい問題である、空位の問題や筆算を書く練習になります。
②２年生の計算復習もかねて１週間くらい集中的にとりくみます。

算数ちょうき計算　　名前（　　　　　　　　　　）

①（　　　　　　　　　　　　）

②（　　　　　　　　　　　　）

③（　　　　　　　　　　　　）

④（　　　　　　　　　　　　）

⑤（　　　　　　　　　　　　）

⑥（　　　　　　　　　　　　）

⑦（　　　　　　　　　　　　）

⑧（　　　　　　　　　　　　）

⑨

＋		

⑩

−		

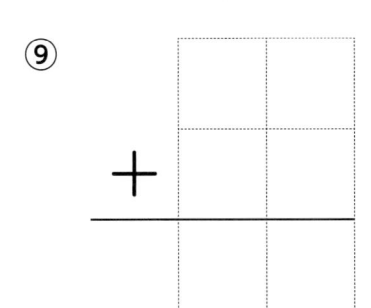

問題例と解答

① 351　② 56879　③ 9240731　④ 847503296

⑤ 32　⑥ 507　⑦ 4019　⑧ 9009

⑨

	2	5
＋	5	6
	8	1

⑩

	9	4
−	3	9
	5	5

漢字を楽しく教える

漢字は読み書きの習得が第一ですが、子どもたちの生活経験や既習の知識に即して楽しく教え、漢字学習の楽しさも教えたいものです。漢字に興味をもてる成り立ちの学習もその一つです。

すすめ方

「曜」の成り立ちから同じ形に注目させる

「“曜”という漢字は２年生で一番画数の多い漢字です。18画あります。筆順はこう覚えましょう。日・ヨ・ヨ・イ・ノ・丁・三。空中書きをしましょう。

“いのちょうさん”というは、隹（ふるとり）といって鳥のことをいいます。上の“羽”はきらきら輝く様子で、“日”と“翟”で日光の輝きを言います。さてクイズです。小と隹とあわせると何になるでしょう」

「みんなが知っている鳥だよ。公園や家の前にも飛んでくる鳥ですね。すずめです」

黒板に「雀」と書きます。

「“隹”の下に木をつけると集になります。あつまる意味の漢字です。“隹”に、“辶”（しんにょう）をつけると、“進”になるね」

「“曜”の日へんを足にすると、躍という漢字です。“おどる”とも読みます。“氵(さんずい)”にすると、“濯”。洗濯の“濯”です」

新出漢字でいつも成り立ちを教えていると時間がかかって、なかなか進みません。しかし、これという漢字のときは成り立ちを教えて漢字に対する興味をもたせます。

ポイント・工夫

漢字は抽象的思考の基礎

漢字がきちんと書けない、熟語をよく知らないといった子は、概念を操作する抽象レベルの思考が苦手になります。９歳の壁を乗り越えるのが非常に困難になります。漢字学習で、語彙力、思考力を養い、抽象的思考の基礎をつくりましょう。

まとめや次への見通し

①漢字の成り立ちを教えることで漢字に対する興味をもたせ、配当数が増える３年生以降と漢字学習につなげます。

かん字クイズ

名前（　　　　　　　　）

木＋隹＝□

小＋隹＝□

氵＋翟＝□

足＋翟＝□

辶＋隹＝□

文章題と問題作り

2年生までで、たし算、ひき算、かけ算を習いました。3年生以降、計算はできるが、文章題ができない子がたくさん出てきます。2年生の間に、文章題に慣れるようにしたいものです。

すすめ方

かけ算の立式するとき、単位・名数に注目させる

○文章題の作り方を教える

始めは教師が例を出していきます。

「自転車が4台あります。車輪の数は、みんなでいくつあるでしょう」。

子どもはすぐに「8」と答えます。

「第2問です。小さな子が、公園の砂場で遊んでいます。何人いるかなと数えてみると、6人でした。どの子も三輪車に乗ってきています。では、車輪の数はみんなでいくつあるでしょう。ノートに式を書いてときなさい」。

ここで子どものノートを見ると、「6×3＝18」「6人×3＝18こ」「6×3こ＝18こ」、とバラバラです。

この問題は、車輪が三つある三輪車、その三輪車が6台あると、車輪の数はみんなでいくつかを聞いています。けっして「6×3」でも「6人×3」でもありません。1台あたり3個ずつが6台あると考えさせます。

このように、単位・名数に注目させ、何を問うのかをはっきりさせなければ問題作りはできません。

○限定した数字から

「最初は5の段の問題を作りましょう」、というように限定します。「貯金箱を見ると、5円玉が8こありました。みんなで何円でしょう」という具合に作らせます。

ポイント・工夫

作問

文章題を解く力を伸ばすには、子ども自身に、それらの問題を作らせることです。これまで習った計算を使って、文章題を作らせましょう。また、作った問題をプリントにして、クラスで解いていきます。（右ページに例を掲載）

2年　算数　九九　文しょうだい　テスト

名前（　　　　　　　　　　　　）

① くりを　1人に　4こずつ　くばります。8人では　なんこ　いるでしょう。（田中　作）

しき

答え＿＿＿＿＿＿＿＿

② 9こいりの　せっけんが　4はこあれば　36こです。6はこあれば、せっけんは　なんこでしょう。（山田　作）

しき

答え＿＿＿＿＿＿＿＿

③ 友だちが　6人います。どの子にも　8こずつ　あめを　あげました。ぜんぶで　あめは　なんこ　いるでしょう。（安田　作）

しき

答え＿＿＿＿＿＿＿＿

④ ボートが　4そう　とまっています。どのボートにも　3人　のれます。みんなで　なん人　のれるでしょう。（上野　作）

しき

答え＿＿＿＿＿＿＿＿

⑤ 友だちが　8人います。おり紙を　1人に　7まいずつ　あげました。なんまい　いるでしょう。（白井　作）

しき

答え＿＿＿＿＿＿＿＿

詩の群読にとりくむ

音読で身につけた力を表現活動にもつなげたいものです。群読は、一人ひとりが朗読的な読みをし、それを集団として表現する方法です。一人ひとりが意欲をもって音声表現できるようにさせたいです。

すすめ方
詩「たべもの」を教材に

○詩を楽しむ

「たべもの」は低学年にとても親しみやすい詩です。群読をする前にこの詩で、次のように授業をして子どもの意欲を高めます。詩をプリントにして配るのは後にします。

教師は「今から書く詩は、たべものの詩だよ。“もこもこ　さといも　ほこほこ” 続きは何かな」と黒板に書きながら尋ねます。わからないときはヒントを出します。

教　師：さといもと同じいもです。何いもでしょう。

子ども：さつまいも。

という具合に「“はりはり　だいこん　ばりばり” 何？」と答えさせていきます。後半は逆にして、「“○○○○　たこ” ○には何が入りますか。食べたときの感じは？」と聞きます。正解は「しこしこ」。こうして詩の内容をつかんでから群読に入ります。

○分けて読む

「もこもこ」（１班～４班）「さといも」（５班～８班）のように交互に読んでいきます。男女で読んだりします。グループの中で２人ずつ読むやり方もします。

ポイント・工夫
一人ひとりの朗読が群読にいかされる

最初は大きな声で読ませるのが目的ですが、少しずつ表現を意識させます。「『ぱりぱり』『ぽりぽり』はどう読んだらいい？　同じ読み方でいいかな」と読み方を工夫させて、表現を加えていきます。一人ひとりの朗読しようという気持ちが一つになったとき、響き合いのある群読になります。

まとめや次への見通し

①クラスで群読をすることで声を出すことに自信をもつようにさせます。
②クラスみんなで群読することで学級のまとまりをつくって、学年末を迎えさせます。

群読で学級づくり、学年末を盛り上げる

たべもの

中江　俊夫

もこもこ　さといも
ほこほこ　さつまいも
はりはり　だいこん
ばりばり　たくあん
ぽりぽり　きゅうり
かりかり　らっきょう
つるつる　うどん
くるんくるん
　こんにゃく
ぷよぷよ　とうふ
ぬるり　わかめ

しこしこ　たこ
しゃきしゃき　はくさい
こりこり　こうめ
ぷりんぷりんの　とまと
がすがす　なし
ひりひり　しょうが
ぴんぴんした　たい
あつあつの
　ふろふきだいこん
ほかほかの　ごはん

いち年漢《かん》じ検定《けんてい》テスト①

年　くみ　ばん　名前

1. ふといき　きのした
2. ひとのくち　はやくち　くちとみみ
3. ねこのめ　めぐすり　めがふたつ
4. いちねんせい　いっぴき　ひとつ
5. にひき　ふたつのめ　にがつ
6. さんりんしゃ　みっつ　さんがつ
7. しかくのはこ　しがつ　よんひき
8. ごひき　いつつ　ごがつ
9. ろくまい　ろっぴき　むっつ
10. しちがつ　ななひき　ななつのこ
11. はちまい　はっぴき　やっつ
12. きゅうひき　ここのつ　くがつ
13. じゅうがつ　とおか　じっぽん
14. むしのこえ　かぶとむし　こんちゅう
15. たかいやま　やまのぼり
16. みずあそび　みずをやる　すいえい
17. あめがふる　あめあがり　うてんのひ
18. やまのうえ　うえをみる　うえのほう
19. きのした　くつした　つくえのした
20. たけやぶ　たけうま　たけかんむり
21. たんぼ　たうえ　すいでん
22. かわのみず　かわぎし　かわをわたる
23. すぎのはやし　まつばやし　しんりんのなか
24. もりとはやし　もりのおく　しんりんのなか
25. つきがでる　つきとほし　げつようび
26. こどものひ　ちいさなこ　だんし・じょし
27. あおいそら　そらのくも　くうき
28. おおごえ　おおきなき　だいがくせい
29. おとこのこ　だんしのいす　だんじょ
30. おんなのこ　おんなのひと　じょしのれつ
31. てをふる　てぶくろ　みぎのて
32. よいてんき　てんじょう　あまのがわ
33. うえをみる　えをみる　けんがくする
34. がくしゅう　がっこう　まなぶ
35. こうしゃ　こうてい　ちゅうがっこう
36. じをかく　かんじ　くろいじ
37. ただしい　ただしくかく　おしょうがつ
38. じどうしゃ　くるまにのる　じてんしゃ
39. ひとにあう　ひとがくる　ごにんのひと
40. なかをみる　まんなか　ちゅうがく

一ねん漢字《かんじ》検定《けんてい》テスト②

ねん　くみ　ばん

名前

41 ちからもち　つよいちから　きょうりょく

42 おひさま　あさひ　にちようび

43 めがでる　こえをだす　しゅっぱつする

44 ひのようじん　かじをけす　かようび

45 きんようび　きんいろ　おかね

46 どようび　ねんど　つちあそび

47 あおいうみ　あおしんごう　あおぞら

48 ちいさいこ　こづつみ　しょうがくせい

49 ふゆやすみ　やすみじかん　きゅうじつ

50 ほんをよむ　きのほんだな

51 しろいいぬ　かしこいいぬ　ばんけん

52 はやくおきる　あさがはやい

53 なまえ　なふだ　しめい

54 ゆうがた　ゆうひ　ゆうやけ

55 まちへいく　まちのなか　みやしまちょう

56 ひゃくえん　ごひゃく　さんびゃく

57 ひゃくえん　じゅうえん　えんをかく

58 せんえんさつ　ごせんにん

59 いとぐるま　たこのいと　あかいいと

60 きがつく　いいきもち　てんきよほう

61 めだま　あかいたま　たまてばこ

62 むらをでる　むらのなか　そんちょうさん

63 しろいいと　しろぐみ　しろいくも

64 おとがする　おんがく　おんがくかい

65 ぶんをかく　さくぶん　ふるいもじ

66 あかちゃん　あかとしろ　あかいはな

67 うまれる　にねんせい　しょうがくせい

68 みみをすます　ろばのみみ

69 おうさま　だいおう　おうじさま

70 にねんせい　おとしだま　しょうねん

71 くさをつむ　はるのくさ　くさばな

72 かいをひろう　しろいかい　かいがら

73 へやにはいる　にゅうがくする　いりぐち

74 みぎのあし　みぎひだり　みぎをみる

75 ねこのあし　あしくび　ひだりあし

76 いしをける　まるいいし

77 ひだりをみる　ひだりのて　ひだりがわ

78 いすからたつ　たちあがる　きりつする

79 はながさく　あかいはな　はなやさん

80 せんせい　せんとうのひと　ゆびのさき

たしざんテスト

名まえ

てん

①4＋1＝
②1＋4＝
③8＋5＝
④6＋5＝
⑤8＋8＝
⑥7＋7＝
⑦3＋2＝
⑧5＋8＝
⑨7＋2＝
⑩1＋9＝
⑪8＋4＝
⑫9＋7＝
⑬4＋7＝
⑭8＋2＝
⑮4＋5＝
⑯9＋4＝
⑰3＋3＝
⑱5＋7＝
⑲6＋7＝
⑳4＋2＝
㉑7＋6＝
㉒7＋3＝
㉓0＋9＝
㉔3＋8＝
㉕2＋8＝
㉖5＋6＝
㉗0＋6＝
㉘0＋8＝
㉙7＋4＝
㉚7＋0＝
㉛0＋3＝
㉜4＋3＝
㉝5＋5＝
㉞6＋2＝
㉟5＋0＝
㊱4＋9＝
㊲7＋1＝
㊳9＋8＝
㊴3＋1＝
㊵3＋0＝
㊶2＋6＝
㊷2＋7＝
㊸1＋6＝
㊹3＋9＝
㊺9＋5＝
㊻8＋1＝
㊼8＋3＝
㊽7＋9＝
㊾1＋7＝
㊿6＋0＝
(51)5＋4＝
(52)2＋9＝
(53)8＋0＝
(54)8＋7＝
(55)2＋4＝
(56)3＋7＝
(57)1＋1＝
(58)2＋2＝
(59)2＋1＝
(60)8＋9＝
(61)4＋8＝
(62)0＋4＝
(63)1＋0＝
(64)3＋4＝
(65)9＋2＝
(66)2＋0＝
(67)0＋7＝
(68)5＋1＝
(69)9＋0＝
(70)0＋2＝
(71)7＋5＝
(72)9＋1＝
(73)9＋9＝
(74)4＋6＝
(75)4＋4＝
(76)1＋3＝
(77)4＋0＝
(78)6＋9＝
(79)1＋8＝
(80)0＋0＝
(81)3＋6＝
(82)6＋3＝
(83)9＋3＝
(84)5＋9＝
(85)2＋3＝
(86)6＋4＝
(87)8＋6＝
(88)0＋5＝
(89)9＋6＝
(90)1＋2＝
(91)6＋8＝
(92)6＋1＝
(93)1＋5＝
(94)5＋3＝
(95)6＋6＝
(96)5＋2＝
(97)0＋1＝
(98)2＋5＝
(99)7＋8＝
(100)3＋5＝

ひきざんテスト

名まえ

てん

①8−5＝
②13−8＝
③17−8＝
④10−9＝
⑤12−3＝
⑥8−1＝
⑦1−0＝
⑧8−0＝
⑨15−7＝
⑩9−2＝
⑪9−7＝
⑫13−5＝
⑬6−4＝
⑭6−2＝
⑮16−7＝
⑯11−7＝
⑰13−9＝
⑱14−9＝
⑲12−4＝
⑳13−6＝
㉑5−0＝
㉒8−3＝
㉓10−7＝
㉔7−7＝
㉕2−0＝
㉖6−6＝
㉗8−8＝
㉘11−5＝
㉙10−4＝
㉚5−5＝
㉛10−1＝
㉜2−2＝
㉝12−5＝
㉞10−8＝
㉟7−5＝
㊱7−3＝
㊲8−2＝
㊳9−1＝
㊴10−5＝
㊵14−5＝
㊶11−3＝
㊷16−9＝
㊸2−1＝
㊹4−2＝
㊺3−1＝
㊻9−5＝
㊼7−1＝
㊽12−6＝
㊾13−4＝
㊿6−5＝
(51)12−7＝
(52)6−3＝
(53)13−7＝
(54)17−9＝
(55)16−8＝
(56)14−7＝
(57)3−0＝
(58)9−6＝
(59)0−0＝
(60)9−8＝
(61)4−4＝
(62)12−8＝
(63)7−0＝
(64)4−1＝
(65)11−2＝
(66)9−3＝
(67)6−1＝
(68)11−8＝
(69)9−0＝
(70)5−2＝
(71)4−3＝
(72)8−6＝
(73)10−6＝
(74)8−4＝
(75)10−2＝
(76)10−3＝
(77)8−7＝
(78)18−9＝
(79)6−0＝
(80)14−6＝
(81)15−6＝
(82)9−4＝
(83)11−9＝
(84)5−1＝
(85)11−4＝
(86)5−3＝
(87)3−3＝
(88)3−2＝
(89)7−2＝
(90)14−8＝
(91)9−9＝
(92)15−8＝
(93)1−1＝
(94)7−4＝
(95)4−0＝
(96)11−6＝
(97)15−9＝
(98)5−4＝
(99)7−6＝
(100)12−9＝

たしざん
（くり上がりあり）

名まえ

▶くり上がりの　ある　たしざんは、45だいです。けいさんを　しましょう。

① 1＋9＝

② 2＋8＝

③ 3＋7＝

④ 4＋6＝

⑤ 5＋5＝

⑥ 6＋4＝

⑦ 7＋3＝

⑧ 8＋2＝

⑨ 9＋1＝

⑩ 8＋9＝

⑪ 9＋8＝

⑫ 9＋9＝

⑬ 2＋9＝

⑭ 3＋8＝

⑮ 4＋7＝

⑯ 5＋6＝

⑰ 6＋5＝

⑱ 7＋4＝

⑲ 8＋3＝

⑳ 9＋2＝

㉑ 7＋9＝

㉒ 8＋8＝

㉓ 9＋7＝

㉔ 3＋9＝

㉕ 4＋8＝

㉖ 5＋7＝

㉗ 6＋6＝

㉘ 7＋5＝

㉙ 8＋4＝

㉚ 9＋3＝

㉛ 6＋9＝

㉜ 7＋8＝

㉝ 8＋7＝

㉞ 9＋6＝

㉟ 4＋9＝

㊱ 5＋8＝

㊲ 6＋7＝

㊳ 7＋6＝

㊴ 8＋5＝

㊵ 9＋4＝

㊶ 5＋9＝

㊷ 6＋8＝

㊸ 7＋7＝

㊹ 8＋6＝

㊺ 9＋5＝

ひきざん
(くり下がりあり)

名まえ

▶くり下がりの　ある　ひきざん　45だいです。けいさんを　しましょう。

① 10－1＝

② 10－2＝

③ 10－3＝

④ 10－4＝

⑤ 10－5＝

⑥ 10－6＝

⑦ 10－7＝

⑧ 10－8＝

⑨ 10－9＝

⑩ 11－2＝

⑪ 11－3＝

⑫ 11－4＝

⑬ 11－5＝

⑭ 11－6＝

⑮ 11－7＝

⑯ 11－8＝

⑰ 11－9＝

⑱ 12－3＝

⑲ 12－4＝

⑳ 12－5＝

㉑ 12－6＝

㉒ 12－7＝

㉓ 12－8＝

㉔ 12－9＝

㉕ 13－4＝

㉖ 13－5＝

㉗ 13－6＝

㉘ 13－7＝

㉙ 13－8＝

㉚ 13－9＝

㉛ 14－5＝

㉜ 14－6＝

㉝ 14－7＝

㉞ 14－8＝

㉟ 14－9＝

㊱ 15－6＝

㊲ 15－7＝

㊳ 15－8＝

㊴ 15－9＝

㊵ 16－7＝

㊶ 16－8＝

㊷ 16－9＝

㊸ 17－8＝

㊹ 17－9＝

㊺ 18－9＝

かけ算九九
（6、7、8のだん）

名まえ

▶計算しましょう。

① 6×4＝
② 6×3＝
③ 7×1＝
④ 8×6＝
⑤ 7×3＝
⑥ 8×5＝
⑦ 8×7＝
⑧ 6×8＝
⑨ 6×7＝
⑩ 7×8＝
⑪ 6×6＝
⑫ 8×1＝
⑬ 7×4＝
⑭ 7×9＝
⑮ 8×1＝
⑯ 7×8＝
⑰ 6×7＝
⑱ 6×4＝
⑲ 7×3＝
⑳ 6×3＝
㉑ 6×8＝
㉒ 7×2＝
㉓ 8×8＝
㉔ 8×9＝
㉕ 7×7＝
㉖ 7×4＝
㉗ 6×5＝
㉘ 8×5＝
㉙ 6×1＝
㉚ 7×6＝
㉛ 8×2＝
㉜ 7×1＝
㉝ 7×5＝
㉞ 8×4＝
㉟ 6×1＝
㊱ 6×5＝
㊲ 6×9＝
㊳ 8×8＝
㊴ 8×6＝
㊵ 7×9＝
㊶ 8×9＝
㊷ 6×6＝
㊸ 7×5＝
㊹ 6×9＝
㊺ 7×7＝
㊻ 7×2＝
㊼ 8×4＝
㊽ 6×2＝
㊾ 8×7＝
㊿ 7×6＝
⑤① 8×3＝
⑤② 6×2＝
⑤③ 8×2＝
⑤④ 8×3＝

1年　診断《しんだん》テスト①

名前

① 3 + 4 =

② 6 + 7 =

③ 8 + 9 =

④ 6 + 4 + 8 =

⑤ 80 + 6 =

⑥ 7 − 2 =

⑦ 10 − 3 =

⑧ 14 − 8 =

⑨ 9 − 2 + 4 =

⑩ 67 − 4 =

2年　診断《しんだん》テスト①

名前

①
$$\begin{array}{r} 54 \\ +\ 23 \\ \hline \end{array}$$

②
$$\begin{array}{r} 86 \\ +\ 57 \\ \hline \end{array}$$

③
$$\begin{array}{r} 329 \\ +\ \ 48 \\ \hline \end{array}$$

④
$$\begin{array}{r} 73 \\ -\ 67 \\ \hline \end{array}$$

⑤
$$\begin{array}{r} 104 \\ -\ \ 67 \\ \hline \end{array}$$

⑥
$$\begin{array}{r} 107 \\ -\ \ 68 \\ \hline \end{array}$$

⑦
$$\begin{array}{r} 647 \\ -\ \ 48 \\ \hline \end{array}$$

⑧ 6 × 7 =

⑨ 4 × 7 =

⑩ 9 × 6 =

1年　診断《しんだん》テスト②

名前

① 3 + 6 =

② 8 + 8 =

③ 7 + 9 =

④ 10 + 3 + 2 =

⑤ 40 + 50 =

⑥ 6 − 4 =

⑦ 15 − 6 =

⑧ 10 − 8 =

⑨ 14 − 4 − 2 =

⑩ 70 − 30 =

2年　診断《しんだん》テスト②

名前

①
$$\begin{array}{r} 31 \\ +\ 57 \\ \hline \end{array}$$

②
$$\begin{array}{r} 48 \\ +\ 87 \\ \hline \end{array}$$

③
$$\begin{array}{r} 546 \\ +\ \ 38 \\ \hline \end{array}$$

④
$$\begin{array}{r} 65 \\ -\ 27 \\ \hline \end{array}$$

⑤
$$\begin{array}{r} 146 \\ -\ \ 89 \\ \hline \end{array}$$

⑥
$$\begin{array}{r} 104 \\ -\ \ 57 \\ \hline \end{array}$$

⑦
$$\begin{array}{r} 546 \\ -\ \ 27 \\ \hline \end{array}$$

⑧ 7 × 8 =

⑨ 4 × 8 =

⑩ 9 × 7 =

著者紹介

深沢　英雄（ふかざわ　ひでお）
神戸市公立小学校教諭

『つまずきと苦手がなくなる計算指導』（フォーラム・A）
『計算つまずき克服プリント』（フォーラム・A　共著）
学力の基礎をきたえどの子も伸ばす研究会常任委員長

学力の基礎をきたえどの子も伸ばす研究会（＝学力研）

1985年岸本裕史代表委員を中心に「学力の基礎をきたえ落ちこぼれをなくす研究会（＝落ち研）」として発足、2001年に現名称に改称。

発足以来、すべての子どもに「読み書き計算」を中軸とした確かな学力をつける実践の研究と普及にとりくんできた。近年、子どもと保護者の信頼をつかむ授業づくりや学級づくりの研究も進めてきている。

常任委員長　深沢英雄

事務局　〒675－0032　兵庫県加古川市加古川町備後178-1-2-102　岸本ひとみ方
FAX　0794－26－5133

| 全国に広がる学力研 | 検索 |

図解　授業・学級経営に成功する
２年生の基礎学力ー無理なくできる12か月プラン

2015年４月20日　初版　第１刷発行

監修者　学力の基礎をきたえどの子も伸ばす研究会
著　者　深沢　英雄　ⓒ
発行者　面屋　龍延
発行所　フォーラム・A

〒530-0056　大阪市北区兎我野町15-13
電話　(06)6365-5606
FAX　(06)6365-5607
http://foruma.co.jp/
振替　00970-3-127184

制作編集担当・矢田智子

カバーデザインークリエイティブ・コンセプト／イラストーきくちまさこ
印刷ー(株)関西共同印刷所／製本ー立花製本
ISBN978-4-89428-836-2　C0037